Julius Rode

Eine Fuchshetze

Posse mit Gesang in sechs Bildern

Julius Rode

Eine Fuchshetze
Posse mit Gesang in sechs Bildern

ISBN/EAN: 9783743460508

Hergestellt in Europa, USA, Kanada, Australien, Japan

Cover: Foto ©ninafisch / pixelio.de

Weitere Bücher finden Sie auf **www.hansebooks.com**

Den Bühnen gegenüber als Manuscript gedruckt und dem **Theater-Commissions-Geschäft** von **H. Michaelson** in Berlin zum ausschließlichen Bühnen-Debit übergeben. **Geschriebene Exemplare** sind **unrechtmäßig erworben.**

Julius Rode.

Eine Fuchshetze.

Posse mit Gesang in sechs Bildern

von

Julius Rode.

Berlin,
gedruckt bei Julius Sittenfeld.
1860.

Erstes Bild.

Das Aufspüren.

Personen.

Klaus Eckstein.
Doppelmeier, ein reicher Müller und Gutsbesitzer.
Katharina Welden, Wittwe, seine Schwester.
Margarethe, Haushälterin } bei Doppelmeier.
Andres, Kuhjunge
Anton Willich.
Peter Lommatzsch, Tischlergeselle.
Hannchen, Kammermädchen.

Die Handlung begiebt sich auf Doppelmeier's Gute.

Ein ländlicher Obstgarten. Hinten ein niedriger Zaun quer über die Bühne mit einem Eingang in der Mitte. Links im Hintergrunde ist ein Haus sichtbar. Vorn rechts und links zwei dichte Lauben mit Tischen und Bänken.

Erster Auftritt.
Klaus Eckstein
(in hellem Reiseanzuge, ein Ränzchen auf dem Rücken, mit einem Reisestocke, kommt hinten durch den Zaun; er trägt einen vollen Bart).

Niemand im Garten? Das Haus ist still! Na, Ruhe ist mir am nothwendigsten nach langem Marsche. (Setzt sich in die Laube links.) Ich will mich etwas setzen und abwarten, bis mein alter Freund, der Durst, sich einstellt; vielleicht kommt auch sein Stiefbruder, der Hunger, und dann wollen wir uns weiter umschauen. Ach, wie behaglich! Ob hier ein Wirthshaus ist? Warten wir es ab. Ein Haus ist wenigstens da, und der Wirth ist oft das Unangenehmste im Wirthshause. Eilen wir nicht, seine Bekanntschaft zu machen. Wenn die Welt nicht wirklich weise eingerichtet wäre, könnte man fragen, warum es eigentlich Wirthe giebt. So muß man sich trösten und sagen: sie gehören zu den nothwendigen Uebeln. So ein Wirth ist ein merkwürdiges Geschöpf; er besitzt alle Tugenden und auch immer ihr Gegentheil. Er ist großmüthig, denn sein Haus steht aller Welt offen, aber er ist auch engherzig, denn er schreibt immer eine Rechnung dafür. Er ist fromm, denn er tauft seinen Wein, und er ist nicht fromm, denn er schenkt auch dem Teufel ein, wenn er bezahlen kann. Er ist christlich, denn er speist die Hungrigen und tränkt die Durstigen, und er ist nicht christlich, denn

er nimmt auch Juden und Türken auf, und jede Religion
ist ihm einerlei. Aber ein gutes Geschäft muß ein Wirth
haben, denn die Wirthshäuser wachsen wie Pilze aus der
Erde, und alle Welt ist ihnen zinspflichtig.

 Der Winzer baut den schönen Wein
 Und müht sich, was er kann,
 Doch, mag er noch so fleißig sein,
 Er bleibt ein armer Mann.
 Und gäb' es auch das beste Jahr,
 Er hat kaum 's liebe Brod fürwahr —
 Für seine Müh' giebt's keinen Lohn —.—
 Der Wirth,
 Der Wirth hat den Profit davon.

 Ein Virtuos giebt ein Concert,
 Der Saal ist wohl gefüllt;
 Er rechnet, was die Einnahm' werth —
 Die Rechnung, ach, nichts gilt.
 Saalmieth', Beleuchtung, Billeteur,
 Und was dergleichen Kosten mehr,
 Die bringen ihn um seinen Lohn,
 Der Wirth,
 Der Wirth hat den Profit davon.

 Du hast den Beutel voller Geld,
 Machst Dir 'nen guten Tag,
 Und iss'st und trinkst, was Dir gefällt,
 Bei fröhlichem Gelag'.
 Doch bist am Morgen Du erwacht,
 Schmerzt Dich der Kopf, daß es so kracht —
 Der Katzenjammer ist Dein Lohn;
 Der Wirth,
 Der Wirth hat den Profit davon.

 Die Posten fahren täglich heut',
 Wo ein Mal sonst die Woch',
 Die Eisenbahnen spannen weit
 Ob Berg und Thal ihr Joch;
 Dampfschiffe giebt's auf jedem Fluß,
 Zahllose Droschken, Omnibus —
 Der Reisenden sind schon Million;
 Wer hat,
 Wer hat denn den Profit davon?

Ei, da höre ich Stimmen. Ein hübsches Pärchen! Die werden mir wohl Auskunft geben können, ob hier ein Wirthshaus oder ein verzaubertes Schloß ist.

Zweiter Auftritt.

Klaus (in der Laube verborgen). **Peter Lommatzsch**.
Hannchen (mit Hut und Mantille von links.)

Peter. So renne doch nicht so!

Hannchen. Mir brennt der Boden unter den Füßen.

Peter. Aber ich habe Dich in vier Wochen nicht gesehen, und jetzt bist Du keine zwei Stunden hier und treibst so, wieder fortzukommen!

Hannchen. Ich habe in den zwei Stunden genug gesehen! Mein armes Fräulein!

Peter. Ich dachte, Du wärest herausgekommen, mich zu besuchen, und immer sprichst Du von Deinem Fräulein.

Hannchen. Peter, Du bist ein Bischen dumm und mußt Gott danken, daß Du mich einmal bekommst, ein gebildetes Frauenzimmer, die sogar französisch kann; denn, wie Du ohne gescheidte Frau durch die Welt kommen wolltest, wüßte ich nicht zu sagen.

Peter. Oho, ich bin ein tüchtiger Tischler und verstehe mein Handwerk. Es soll mir nicht fehlen!

Hannchen. Alles gut, Peterchen, aber mache, daß Du hier fortkommst, in der Stadt wird es schon Arbeit für Dich geben.

Peter. Und da könnte ich Dich alle Tage sehen, wäre mir schon recht. Wenn Du etwas hörst, so schreib' mir's, es war ja so knapp mit der Arbeit in der Stadt, daß ich froh war, die hier auf dem Lande zu bekommen.

Hannchen. Bei so einem Menschen, wie dieser Doppelmeier ist, mußt Du arbeiten, sieh', das ärgert mich.

Peter. Mensch? Ne! Er ist ein reicher Müller, der Herr Doppelmeier, hat große Landwirthschaft —

Hannchen. Und schönen Viehstand, man darf ihn nur ansehen, um das zu begreifen.

Peter. Was hast Du denn gegen den Herrn?

Hannchen. Na, ich will Dir's sagen. Er will oder soll mein Fräulein heirathen, aber die liebt einen Andern, von dem wieder ihre Tante nichts wissen mag. Da ist denn große Noth und Herzeleid. Nun dachte ich, ob man vielleicht meinem armen Fräulein helfen könnte. Da habe ich denn meiner Herrschaft gesagt, ich wollte einen Verwandten besuchen und bin hier heraus, um mir vor der Hand diesen Herrn Doppelmeier einmal anzusehen und mich zu erkundigen, weß Geistes Kind er ist. Jetzt habe ich ihn gesehen, wenn auch nur von ferne, und habe gehört, und nun weiß ich genug. Jetzt begleite mich über den Feldweg bis an die Landstraße, dann habe ich noch eine Viertelstunde bis zur Eisenbahn — ich muß noch heute Abend zu Hause sein.

Peter. So eile doch nicht so, Du hast noch eine Stunde Zeit.

Hannchen. Dort kommen Leute, fort, fort, ich sage Dir unterwegs noch mehr.

Peter. Na, in Gottes Namen.

Beide (ab hinten durch den Zaun).

Klaus. Ein verliebter Tischler! Der kann sich das Hochzeitsbett, die Wiege und allenfallsige Särge selber machen; der hat das Heirathen wohlfeiler, als andere Leute. Es ist ganz spaßhaft, so ungesehen Andere plaudern zu hören. Holla, da kommen noch mehr.

Dritter Auftritt.

Klaus. Doppelmeier, Margarethe (von links).

Doppelmeier (28 bis 30 Jahre alt, stämmig, wohlgenährt; er trägt städtische Kleidung, wenn auch nicht elegant). Na, Margareth, ist meine Wäsche in Ordnung?

Margarethe (bringt Brod, Schinken und einen großen Krug Bier und stellt Alles in die Laube rechts). Alles!

Doppelmeier. Ich reise morgen in die Stadt.

Margarethe. Habt Ihr mir schon gesagt.

Doppelmeier. Was denkst, was ich da will?

Margarethe. Wolle verkaufen.

Doppelmeier. Auch mit. Aber sonst noch?

Margarethe. Was weiß ich!

Doppelmeier. Heirathen will ich!

Margarethe (stemmt die Arme in die Seite, derb). Doppelmeier!

Doppelmeier. Nun?

Margarethe. Heirathen? In der Stadt?

Doppelmeier. Ja.

Margarethe. Und ich?

Doppelmeier. Nun?

Margarethe. An mir wollt Ihr wortbrüchig werden? —

Doppelmeier. Wortbrüchig? Habe ich Dir je etwas versprochen?

Margarethe. Geradezu versprochen habt Ihr mir nichts. Als aber Euer Vater noch lebte, wenn Ihr da schon mit mir thatet und der Vater mürrisch war, habt Ihr mir oft gesagt: Laß den Alten erst todt sein, Margarethe, dann wird es besser für Dich.

Doppelmeier. Was sagt man nicht einmal!

Margarethe. Niemand soll je meine Wirthschaft führen als Du.

Doppelmeier. Nun ja, Du magst die Wirthschaft behalten.

Margarethe. Wenn Ihr eine Frau mitbringt? — Nun ja, das sollte mir fehlen! Das könnt Ihr mir zumuthen? Geht, Ihr seid ein Lump!

Doppelmeier. Margarethe!

Margarethe. Wie Ihr Euch gegen mich benahmt, mußte ich nicht glauben, Ihr wolltet mich zur Müllerin machen?

Doppelmeier. Hähähä, gut für mich, wenn Du das geglaubt, so hast Du besser auf die Wirthschaft gepaßt, weil Du dachtest, Du verwaltest das Deinige.

Margarethe. Ihr habt mich betrogen, Jedermann sah mich schon für die künftige Müllerin an.

Doppelmeier. Hast Du etwas Schriftliches?

Margarethe. Gut denn, Doppelmeier, gut denn! Ihr habt mich an der Nase herumgeführt; jetzt geht, holt Euch ein Wachspüppchen aus der Stadt, das nicht in Feld und Garten, in Hof und Haus, in Stall und Milchkammer Bescheid weiß, Ihr werdet bald erfahren, was eine Frau werth ist, die Haus zu halten versteht. Ich ziehe ab.

Doppelmeier. Margareth!

Margarethe. Die Vergeltung wird schon über Euch kommen! Ich ziehe ab! (Ab)

Doppelmeier. Nun so geh' zum — hm, hm, sie war treu und ich konnte mich auf sie verlassen — sie wird sich schon besinnen. (Setzt sich in die Laube, ißt und trinkt.)

Freilich, eine Frau in eine große Landwirthschaft wird meine Braut nicht sein — aber sie erbt einmal 15,000 Thaler von der Tante, und ich habe immer so ein Verlangen gehabt nach einer zierlichen Frau aus der Stadt. Das giebt einem etwas Vornehmes, und wofür wäre ich denn der reichste Mann in der Gegend, wenn ich nichts Besonderes haben sollte? Basta, es bleibt dabei, morgen fahre ich in die Stadt und hole mir sie. Die Alte schreibt, sie wäre hübsch, hähä, das soll mir Spaß machen. Will mir doch auch einmal ansehen, wie es in der Stadt aussieht, bin ja noch nie dagewesen. Kosten soll mich die Reise nicht viel. Seit Jahren habe ich mir alles falsche Geld verschafft, was ich kriegen konnte — es ist ein hübscher Sack voll, das kann man in der Stadt bequem ausgeben. In dem Gedränge geht das leicht, hier auf dem Lande sehen sie zu genau nach. — Hm, das Bier ist gut gerathen. — Aber was steht denn in dem Briefe, den ich eben bekommen habe? (Zieht einen Brief aus der Tasche, öffnet und liest.) Alle Wetter, mein Lotterieloos hat 20,000 Thlr. gewonnen! Juchhe, man kann des lieben Geldes nicht zuviel haben. Verdammt aber, daß ich nur ein Viertel habe. Das andere Viertel, das ich noch hatte, habe ich meinem Tischler, dem Peter Lommatzsch, aufgeschwatzt — ich hatte keine Hoffnung und dachte Wunder, wie pfiffig ich war, weil ich einen halben Thaler Profit machte. — Teufel, was bin ich dumm gewesen! Aber, wer kommt denn da? — Wahrhaftig, meine Schwester.

Vierter Auftritt.

Klaus (in der Laube). **Doppelmeier. Katharina Welden.**

Katharina. Grüß Dich Gott, Bruder!

Doppelmeier (immer sitzend und sich am Essen haltend). Na, sieht man Dich auch einmal wieder?

Katharina. Ach, Gottlieb, mich treibt die Noth zu Dir.

Doppelmeier. Ich hab's gedacht, Dein Mann hat schlecht gewirthschaftet.

Katharina. Sage das nicht, Gottlieb, der große Brand hat uns unglücklich gemacht.

Doppelmeier. War ja versichert!

Katharina. Ach, nicht zum vierten Theil.

Doppelmeier. Das eben war die Dummheit.

Katharina. Mein armer Mann hat gearbeitet Tag und Nacht, aber er ist den Sorgen endlich erlegen; — die Gläubiger haben mich vom Gute gesetzt, — und ich muß jetzt in Tagelohn gehen.

Doppelmeier. Ja, was kann ich dazu?

Katharina. Gottlieb, Du bist denn doch mein Bruder — ich will ja nichts für mich, ich will arbeiten, was ich kann, um mein Bischen Leben zu fristen — aber mein Kind, mein armes Kind. Der Knabe ist zwölf Jahre alt, ich kann ihn in keine Schule schicken; soll denn ein Tagelöhner aus ihm werden, oder — Gott verzeih' mir die Sünde — ein Landstreicher?

Doppelmeier. Soll ich etwa für fremder Leute Kinder sorgen? Ich will selbst heirathen, werde für meine eigenen genug zu thun haben.

Katharina. Gottlieb, es ist Deines Vaters Enkel, hast Du keine Pflichten gegen ihn?

Doppelmeier. Pflichten? Oho! Als Du heirathetest, hat Dir der Alte Dein Erbtheil ausgezahlt, Du bist abgefunden.

Katharina. Aber der Vater hat mir nachher manchmal gesagt, es sei damals zu schlecht abgeschätzt worden, ich hätte noch etwas zu Gute und in seinem Testamente wolle er das vorsehen.

Doppelmeier. Er ist aber ohne Testament gestorben. —

Katharina. Ach, ich weiß es, ich habe keine gesetzlichen Ansprüche an Dich — und wenn Du nicht aus Güte —

Doppelmeier. Na höre, Du sollst sehen, daß ich nicht hart bin. Der Andres, mein Kuhjunge, paßt mir nicht auf genug; ich will ihn fortthun und Deinen Jungen zu den Kühen nehmen; aber aufpassen muß er, sonst thut es nicht gut.

Katharina. Und das ist Alles? Nein, Gottlieb, da habe ich doch meinen verstorbenen Vater zu lieb gehabt, als daß ich seinen Enkel als Kuhjungen auf dem Stammgute sehen möchte. Gott wird mir Kraft geben, er ist ja der Vater der Wittwen und Waisen, bei ihm ist vielleicht Hülfe, wenn nicht bei den Menschen! (Ab.)

Doppelmeier. So ist das Volk! Arm sind sie bis

zum Betteln und dabei noch hochmüthig. Wenn man nur keine Verwandten hätte! sie sind die größte Last. Der Alte hat wohl gemeint, daß sie noch etwas haben sollte, — ei, so hätte er's schriftlich machen sollen. Was kümmert's jetzt mich. Heda, wer kommt denn da so gerade auf mich zu?

Fünfter Auftritt.
Vorige. Anton Willich.

Willich. Guten Tag, Doppelmeier!
Doppelmeier. He?
Willich. Kennt Ihr mich nicht mehr?
Doppelmeier. Ich sollte fast —
Willich. Ich bin der Anton Willich.
Doppelmeier. Je, was seid Ihr alt geworden? Na, seid Ihr wieder da aus dem Amerika?
Willich. Ja, und arm wie eine Kirchenmaus.
Doppelmeier. So so, das wird der Gemeinde nicht sehr angenehm sein.
Willich. Hm, ich bin noch nicht zum Betteln, Ihr wißt das wohl.
Doppelmeier. Ich?
Willich. Als ich vor acht Jahren nach Amerika ging, um mein Glück zu machen, verkaufte ich mein Gut und nahm 6000 Thaler mit mir; die andern 6000 Thaler ließ ich hier, im Falle es mir fehlschlagen sollte.
Doppelmeier. So.
Willich. Es ist mir fehlgeschlagen.
Doppelmeier. Kann mir's denken.
Willich. Doppelmeier, Ihr stellt Euch so fremd, was soll das heißen?
Doppelmeier. Fremd? Ich verstehe Euch nicht.
Willich. Die 6000 Thaler gab ich meinem alten Freunde, Eurem Vater, zum Aufheben.
Doppelmeier. Was Ihr sagt.
Willich. Er ist todt, Ihr seid sein Erbe, von Euch fordere ich mein Geld.
Doppelmeier Ihr fordert? Habt Ihr einen Schein darüber?
Willich. Brauchte ich einen Schein bei meinem besten Freunde? Es waren Banknoten, er wickelte sie zusammen und schrieb darauf: „Von Anton Willich."

Doppelmeier. So?

Willich. Er hat Euch gewiß davon gesagt.

Doppelmeier. Nicht daß ich wüßte!

Willich. Das Packet muß sich im Nachlaß gefunden haben.

Doppelmeier. Was weiß ich!

Willich (immer ängstlicher). Es muß sich gefunden haben, ängstigt mich nicht und sagt mir's.

Doppelmeier. Und wenn es sich gefunden hätte, wie wollt Ihr beweisen, daß es Euer Geld war? Mein Vater hat kein Testament gemacht; was er nachließ, war mein Eigenthum.

Willich. Auch mein Geld?

Doppelmeier. Euer Geld? Habt Ihr Beweise?

Willich. Stand denn nicht darauf: „Von Anton Willich"?

Doppelmeier. Und wenn es darauf gestanden hätte, beweist das ein Recht für Euch? „Von Anton Willich", das sagt gar nichts.

Willich. Ihr wollt es mir nicht heraus geben?

Doppelmeier. Nicht einen Heller!

Willich. So muß ich klagen.

Doppelmeier. Hahaha — ohne Beweise — das will ich abwarten.

Willich. Gottlieb Doppelmeier, so könnt Ihr an dem alten Freunde Eures Vaters handeln?

Doppelmeier. Wenn ich mich um alle alten Freunde meines Vaters kümmern sollte, hätte ich viel zu thun.

Willich. Ich bin ein Bettler, wenn Ihr so handelt. —

Doppelmeier. Wer hieß Euch nach Amerika gehen!

Willich. Gottlieb, ich habe Euch manchmal auf diesen Armen getragen, als Ihr noch ein Kind waret.

Doppelmeier. Ich hab's Euch nicht geheißen.

Willich. Ihr seid —

Doppelmeier. Nun was denn? Wollt Ihr schimpfen? Das verdirbt mir mein Frühstück nicht.

Willich (faßt sich). Nein, an Euch will ich kein Wort mehr verlieren, ich sehe doch, es wäre umsonst. Das Eine merkt Euch: unrecht Gut gedeiht nicht — und lieber will ich betteln, als unrecht Gut auf meinem Gewissen haben. (Ab.)

Doppelmeier. Alter Narr! Hast mich oft einen dummen Jungen geheißen. Na, siehst Du, so dumm bin ich doch nicht, Ewas herauszugeben, was ich behalten kann, ohne daß mir's Jemand streitig zu machen vermöchte. Das Packet mit den 6000 Thalern nehme ich morgen mit nach der Stadt und will's auf der Bank anlegen. — Kommt da nicht der Peter Lommatzsch? Warum ist der Kerl nicht an der Arbeit? Den soll ja — doch halt, mir fällt etwas ein. Der Kerl ist dumm, vielleicht gelingt es. — He, Peter!

Sechster Auftritt.

Vorige. Peter (kommt durch den Zaun und will nach dem Hause abgehen).

Peter. Wer ruft?
Doppelmeier. Kommt einmal her!
Peter. Was wollt Ihr?
Doppelmeier. Wie lange habt Ihr noch bei mir zu arbeiten?
Peter. Noch vierzehn Tage.
Doppelmeier. Und was macht Ihr dann?
Peter. Gehe nach der Stadt Arbeit zu suchen.
Doppelmeier. Und eh' Ihr die findet, verzehrt Ihr die paar Groschen, die Ihr hier verdient habt.
Peter. Kann wohl kommen!
Doppelmeier. Ich glaube, wir haben Beide einen dummen Streich gemacht.
Peter. Wie so?
Doppelmeier. Mit dem Lotterieloose.
Peter. Das Ihr mir aufgeschwatzt habt?
Doppelmeier. Aufgeschwatzt? Hm, ich meinte damals, man müsse einmal dem Glück ein Thürchen aufmachen.
Peter. Ja, so sagtet Ihr, als Ihr mich beredetet und mir das Loos am Lohn abzogt.
Doppelmeier. Jetzt kommt es mir vor, als wäre es weggeworfenes Geld.
Peter. Mir auch! (Bei Seite.) Ich traue mich gar nicht, Hannchen zu sagen, daß ich so dumm war.
Doppelmeier. Ich gehe morgen nach die Stadt, ich verkaufe mein Viertel wieder, sollte ich auch ein paar Groschen daran verlieren.

Peter. Hm, hm!

Doppelmeier. Wenn Ihr wollt, ich nehme Euer Viertel auch mit.

Peter. Wollt Ihr das thun? Ich habe so kein Glück.

Doppelmeier. Gewiß will ich, holt mir's.

Peter. Da ist's, ich hab's bei mir.

Doppelmeier. Gebt!

Peter. Aber —

Doppelmeier. Was?

Peter. Um Lebens und Sterbens willen, gebt mir einen Empfangsschein.

Doppelmeier. Pah, pah; — doch wenn Ihr mir nicht traut, gebe ich Euch lieber gleich das Geld. Da — nun habe ich es Euch gleichsam abgekauft, und was ich damit mache, geht Niemanden etwas an.

Peter. Wenn Ihr aber daran verliert beim Verkaufe?

Doppelmeier. So ziehe ich 's Euch am Lohne ab. —

Peter. So mag's sein. Ich bedanke mich, Herr Doppelmeier. (Geht.)

Doppelmeier. Schickt mir doch den Andres her!

Peter. Gleich. (Ab.)

Doppelmeier (lacht aus Leibeskräften). Ei, Du Hauptesel! Dich habe ich schön über den Löffel barbiert. Wüßtest Du, daß das Loos schon gewonnen hat! Ei, das ist ein guter Tag. So rasch und so wohlfeil 5000 Thaler gewonnen! Und wer kann mir sagen, daß ich unrecht that? Ich habe das Loos ehrlich gekauft. Wenn er es nicht weiß, daß es gewonnen hat, ist es seine Schuld. Den dummen Gottlieb hießen sie mich in der Schule? Hähähä, ich bin pfiffiger als ihr Alle.

Siebenter Auftritt.
Vorige. Andres.

Andres. Was will der Herr?

Doppelmeier (hart). Die gelbe Kuh ist von des Lindenbauers Hund gebissen worden.

Andres. Ich konnte nichts dafür, der Hund ist so böse!

Doppelmeier. Aufpassen sollst Du, Spitzbube! Ich ziehe Dir fünf Groschen vom Lohne ab.

Andres. Ach Herr, meine arme Mutter.

Doppelmeier. Still, sage ich, Du sollst schon Acht geben lernen. Jetzt lauf nach der Eisenbahn und stecke diesen Brief in den Kasten. (Nimmt einen Brief aus der Tasche) Aber besorg' es ordentlich! Der Brief ist an meinen Vetter — ich will morgen nach der Stadt, er soll mir eine Wohnung besorgen. Kommt der Brief nicht ordentlich an, hast Du ein Donnerwetter zu erwarten. (Ab.)

Andres. Da kann ich noch eine halbe Stunde nach der Eisenbahn rennen — und fünf Groschen Abzug! Na, Kuhjunge sein, ist doch ein schlechtes Brod.

Achter Auftritt.
Andres. Klaus.

Klaus (hat mit gespannter Aufmerksamkeit die vorhergehenden Auftritte belauscht, tritt rasch vor). Ich will den Brief mitnehmen!

Andres (erschrocken). Ah!

Klaus. Ich gehe so nach der Eisenbahn.

Andres. Eh!

Klaus. Und für die fünf Groschen Abzug hast Du hier zehn.

Andres. Ih!

Klaus. Na, was glotzest Du?

Andres. Oh!

Klaus. Gieb!

Andres. Aber, Herr!

Klaus. Keine langen Worte, ich besorge den Brief, gieb und mache Dich fort!

Andres. Juchhe, da kann ich einmal zu meiner Mutter! Danke, Herr! (Läuft durch den Zaun ab.)

Klaus. Ueber diesen Müller! Das ist ja ein Hallunke erster Größe! Doppelmeier heißt die Canaille? Doppelgauner sollte er heißen! Den Kerl sollte man zwischen seine Mühlsteine legen und langsam zerreiben lassen. (Mit Entschluß) Lustig, Klaus, ein solches Capitalwild ist Dir lange nicht ins Gehege gekommen! Das muß eine Hauptheke werden! Hussah, es giebt doch noch Spaß in der Welt. Na warte, Du doppelter, nein Du drei-, vierfünf=, sechs=, sieben=, acht=, neun=, zehnfacher Hallunke, Du sollst Deinen Mann an mir gefunden haben. Der Haushälterin die Ehe versprechen und sie sitzen lassen, ein Mädchen aus der Stadt heirathen, d. h. sie unglücklich machen wollen, die leibliche Schwester darben lassen, mit falschem Gelde betrügen, anvertrautes Geld verleugnen, einen armen Teufel um seinen Lotteriegewinnst prellen — dieser Müller ist wahrhaftig ein Genie; der abgefeimteste Gauner brächte so viel Niederträchtigkeit nicht in drei Wochen zusammen, als er in einer Viertelstunde. Und vor der Welt geht dieser Kerl als ehrlicher Mann herum, das Gesetz kann ihm nichts anhaben. Gut, so bin ich da. Mein Handwerk ist Wiedervergeltung, Rache mein Gewerbe. Ich werde einmal Karl Moor spielen, aber ohne Pistolen und böhmische Wälder. Du kommst morgen nach der Stadt, Müller — Du sollst mich finden! Dieser Brief an Deinen Vetter soll mir die Handhabe geben, Dich zu fassen! Wenn ich jetzt den Zug noch treffe, habe ich vierundzwanzig Stunden Vorsprung, und in den vierundzwanzig Stunden will ich Dir eine Suppe einbrocken, an der Du lange verdauen sollst. (Im Abgehen, singt.) Dem Doppelmeier gilt die kühne Jagd, dem Doppelmeier gilt die kühne Jagd! (Ab.)

Zweites Bild.

Die Kammerjungfer wird böse.

Personen.

Fräulein Erdmuthe Raubesand.
Karoline, ihre Nichte.
Hannchen, Kammermädchen.
Leopold Willich.

(Zimmer bei Fräulein Raubesand.)

Erster Auftritt.

Karoline. Leopold.

Karoline. Die Tante kann jeden Augenblick kommen. —

Leopold. Du treibst mich fort — und weißt, daß ich in Verzweiflung gehe?

Karoline. Ach, Leopold, Du marterst mich, was kann ich thun?

Leopold. Stark sein, Deiner Tante Festigkeit zeigen, ihr erklären, daß Du nur mich liebst und niemals den aufgedrungenen Bräutigam heirathen wirst.

Karoline. Ach, Leopold, sie ist mir armen Waise Mutter gewesen von Kindesbeinen an.

Leopold. Sollst Du ihre Wohlthaten mit dem Unglück Deines Lebens bezahlen?

Karoline. Und wollte ich es thun, werde ich es durchsetzen? Sie ist hart und streng, sie wird mich täglich peinigen mit bösen, spitzen Worten, mit übermäßiger Arbeit —

Leopold. Und Du hast nicht die Kraft, das zu ertragen — ich sehe daraus die Stärke Deiner Liebe.

Karoline. Ach, Leopold, Du bist noch härter, als die Tante.

Leopold. Vergieb mir, aber der Gedanke, Dich verlieren zu sollen, macht mich rasend.

Karoline. Vergiß mich, ich bin ja doch zum Unglück geboren.

Zweiter Auftritt.

Vorige. Fräulein Raubesand.

Raubesand. Was seh' ich? Herr Willich hier?

Karoline. Liebe Tante!

Raubesand. Schweig! Mit diesem Herrn habe ich zu reden!

Leopold. Verzeihen Sie mir. Sie haben mir verboten, wieder hierher zu kommen, aber die Liebe —

Raubesand. Sündige Worte, sündige Worte, mein

Herr! Was Sie Liebe nennen, ist ein Greuel vor dem Herrn; es ist die unreine Flamme irdischer Lust, und wer sie nicht bekämpft, verfällt den Stricken des bösen Feindes und leidet Schaden an seiner unsterblichen Seele.

Leopold. Sie verwerfen die Liebe — haben Sie nie deren Macht empfunden?

Raubesand. Niemals, mein Herr, immer habe ich meinen Sinn vom Irdischen abgewandt; mein Sinnen und Trachten war nur auf das Reich Gottes gerichtet, und ihm zum Wohlgefallen bin ich eine reine Jungfrau geblieben.

Leopold. Aber Ihre Nichte wollen Sie doch verheirathen.

Raubesand. Weil sie ein schwaches Rohr ist, ohne Kraft, allein im Leben zu stehen.

Leopold. So lassen Sie mich doch ihre Stütze sein! —

Raubesand. Ich habe es Ihnen schon einmal abgeschlagen: Sie sind mir zu weltlich gesinnt, Sie sind ohne Vermögen und haben noch keine feste Stellung, und, was das Schlimmste ist, Sie fröhnen der entsetzlichen Leidenschaft der Liebe — und wie Sie selbst dem Verderben entgegen gehen, würden Sie auch dies arme Lamm mit hinunterreißen in den Abgrund.

Leopold. Und ist es nicht ein Abgrund, in die Arme eines ungeliebten Mannes geworfen zu werden?

Raubesand. Niemals. Eben weil sie den Mann nicht kennt und liebt, wird sie mit ihm eine christliche Ehe führen, ohne Leidenschaft; in stillem Dienste, in Dulden und Entsagung wird sie sich würdig vorbereiten für das himmlische Jenseits. Sie aber, mein Herr, verlassen mein Haus und betreten es nicht wieder.

Leopold. So lebe wohl, Karoline; lebe wohl für immer! Sie aber möge der Fluch eines vernichteten Lebensglückes nicht zu schwer drücken. (Ab.)

Raubesand. Ei, du entsetzlicher Mensch. Er flucht unchristlicher Weise auf eine fromme Jungfrau, — nun, das wird ihm schon angeschrieben werden in dem großen Buche da droben. Was soll ich Dir aber sagen, Karoline? Hinter meinem Rücken empfängst Du Besuche und nährst die unheilige Flamme in Deinem Busen? Habe ich Dir nicht vorgeleuchtet als Muster einer gottseligen Jungfrau, die sich frei gehalten von den Lüsten der Welt. Du mußt Dich kasteien, daß Du den fleischlichen Begierden nicht erliegst. So magst Du acht Tage lang Dich mit Wasser und Brod begnügen, daß die sündigen Flammen in Deinem Innern sich dämpfen.

Karoline. Aber liebe Tante!

Raubesand. Schweige! Du wirst mir jeden Morgen drei Kapitel aus der Bibel abschreiben und 30 Verse aus dem Gesangbuch auswendig lernen.

Dritter Auftritt.

Vorige. Hannchen.

Hannchen. Da bin ich wieder!

Raubesand. Was für eine Art ist das, in ein gottseliges Haus einzutreten? Hast Du keinen frommen Gruß, wenn Du von einer Reise zu Deiner Herrschaft zurückkehrst?

Hannchen. Nehmen Sie es nicht übel, Fräulein, wenn man Alles das gesehen und gehört hat, was ich erleben mußte, und wenn man solch einen Zorn in sich hat, läuft einem die Galle über.

Raubesand. Welche unanständige Aufführung!

Hannchen. Ei, der Wurm krümmt sich, wenn er getreten wird. Ich will Ihnen nur die Wahrheit sagen, Fräulein, ich war nicht bei Verwandten, ich war in Gernsdorf, um mir den Bräutigam zu besehen, den Sie für das arme, junge Fräulein bestimmt haben.

Raubesand. Also hast Du mich belogen?

Hannchen. Wenn Sie es nicht übel nehmen, ja; mein Fräulein liebt einmal ihren Herrn Leopold —

Raubesand. Schweig', Du Lästerzunge!

Hannchen. Lassen Sie mich nur ausreden — da dachte ich: Du kannst dir einmal den bestimmten Bräutigam ansehen; ist er nicht gar so übel, so redest Du dem Fräulein zu, daß sie ihren Leopold vergißt und den Willen der Tante thut.

Raubesand. Herr Doppelmeier ist mein Pathe, sein Vater war ein frommer, christlicher Mann und sein Sohn ist sicher nach ihm gerathen.

Hannchen. Na, wenn der Sohn nach dem Vater

gerathen ist, dann muß der Herr Papa, mit Erlaubniß zu sagen, ein sauberes Früchtchen gewesen sein.

Raubesand. Du unterstehst Dich!

Hannchen. Lassen Sie mich nur ausreden. — Ich war also draußen in Gernsdorf, ich habe ihn nur von weitem gesehen, nicht mit ihm gesprochen, aber was habe ich von ihm hören müssen. Geizig ist er, habgierig, hart gegen seine Leute, die er prügelt, wo er kann, roh und dumm, wenn es nicht seinen Vortheil gilt; keinem Armen giebt er ein Almosen, er selber aber ißt und trinkt den ganzen Tag; vier Pfund Schinken ist sein gewöhnliches Frühstück! Und einem solchen Kerl wollten Sie das arme, sanfte, zarte Karolinchen geben? Nimmermehr!

Karoline. Liebe Tante —

Raubesand. Schweigt Beide! — Meinst Du, ich durchschaue Dich nicht? Bestechen hast Du Dich lassen von dem sauberen Herrn Leopold und jetzt bringst Du Verleumdungen über meinen guten Pathen, dem ich nun einmal mein Wort gegeben habe.

Hannchen. Guten Pathen? Schöner guter Pathe! Wissen Sie, was er eben gethan hat? Auf der Eisenbahn redete mich ein junger Herr an, der erzählte mir's! Mein Bräutigam, der Peter Lommatzsch, der bei ihm arbeitet, hatte ein Lotterieloos, ein Viertel. Jetzt erfährt der Doppelmeier, das Loos habe 20,000 Thaler gewonnen — was thut er? Den armen Peter, der nichts davon weiß, beschwatzt er und kauft ihm das Loos ab. He, ist das christlich? Nein, das nenne ich spitzbübisch!

Raubesand. Still, Hannchen! Du weißt, daß ich in frommer Geduld die Fehler meiner Nebenmenschen, auch meiner Dienstboten, ertrage, aber vergiß nicht, was Du mir schuldig bist.

Hannchen. Was? Ich soll schweigen? Diesem Dieb, diesem Gauner, diesem langfingerigen Spitzbuben wollen Sie das arme Mädchen hier geben, daß er es unglücklich mache? Das dürfen Sie nicht.

Raubesand. Karoline heirathet Herrn Doppelmeier, oder ich verstoße und enterbe sie.

Hannchen. Das gebe ich nicht zu.

Raubesand. Was für ein Ton!

Hannchen. Ach was, achten Sie nicht auf meinen Ton! Ich habe einen Grimm gegen den Kerl — mit den

5000 Thalern Lotteriegewinn wären wir für unsere Lebtage glücklich gewesen, mein Peter und ich — und nun soll ich ruhig mit ansehen, daß der Lump, der uns betrogen hat, dieses arme Lamm zur Schlachtbank führt? Ei, ich müßte ja kein Herz im Leibe haben!

Raubesand. Dieses Ereifern kommt Alles von der bösen Leidenschaft her, die Ihr Liebe nennt. Nehmt Euch ein Beispiel an mir, die alle Gelüste bekämpft hat.

Hannchen. Beispiel hin, Beispiel her! Aus der Heirath wird nichts, ich leide es nicht, und sollte ich die ganze Stadt in Aufruhr bringen.

Raubesand. Du unterstehst Dich —

Hannchen. Wenn es brennt, soll man löschen, und wenn ich meinen Nebenmenschen vor Unglück bewahren kann, so muß ich zuspringen! Und das thue ich. Ein für alle Mal, den Doppelmeier darf das Fräulein nicht bekommen.

Raubesand. Nun ist's genug! Packe auf der Stelle Deine Sachen zusammen und verlaß mein Haus!

Hannchen. Gehen soll ich?

Raubesand. Ja!

Hannchen. Und wegen dieses Doppelmeier soll ich auch noch meinen Dienst verlieren?

Raubesand. Ja, und sogleich! Du bleibst nicht bis zum Abend unter meinem Dache!

Hannchen. Gut, gut, ich gehe. Leben Sie wohl, mein armes Fräulein! Müssen Sie diesen Menschen heirathen, so sind Sie in einem Vierteljahre todt, wenn Sie nicht schon in den ersten vier Wochen in's Wasser springen. Ich will einen Rosenstock auf Ihr Grab pflanzen und für Ihre arme Seele beten. Ach Gott, Sie thäten besser, Sie liefen auf und davon, ich wollte Ihnen gern behülflich sein, aber dazu haben Sie keinen Muth!

Raubesand. Fort, fort aus meinem Hause!

Hannchen. Ich gehe schon, und eigentlich gehe ich recht gern. Denn wenn ich nicht meines armen guten Fräuleins wegen hier geblieben wäre, hätte ich mich schon lange fortgemacht. Wissen Sie: zum Frühstück das Gesangbuch, zu Mittag die Bibel und Abends wieder das Gesangbuch ist nicht Jedermanns Kost, besonders wenn man jung und hübsch ist, wie wir Beide. So einer alten Jungfer mag das behagen, die hat ja sonst nichts mehr im Leben.

Sie werden mir kein gutes Zeugniß geben; das schadet Nichts, die Leute wissen doch, was sie von Ihnen zu halten haben. Sie predigen immer von Ihrem guten Beispiel und thun sich dick, daß Sie der Liebe entsagt haben — wissen Sie: „Die Trauben sind sauer", sagte der Fuchs, als er sie nicht erreichen konnte, und hätte nur Einer angebissen bei Ihnen, so wie mein Peter oder der Herr Leopold — da wäre es mit Ihrer Frömmigkeit auch nicht weit her! Denn freiwillig wird Niemand gern eine alte Jungfer, und wenn der Doppelmeier Sie wollte, ich glaube, Sie nähmen ihn heute noch — und das wäre eigentlich das Beste, denn Sie passen gut zusammen; er hat einen Mehlsack an der Stelle, wo anderen Leuten das Herz sitzt; gleich und gleich gesellt sich gern! Und jetzt ärgern Sie sich nicht, es könnte Ihrem blühenden Aussehen schaden; lesen Sie ein paar Verse im Gesangbuche, das schlägt nieder! So, nun habe ich meinem Herzen Luft gemacht, und nun leben Sie wohl! (Ab.)

Raubesand (wedelt sich mit dem Tuche Luft zu). Ach, das ist mein Tod!

Karoline (stützt sie). Beruhigen Sie sich, Tante!

Drittes Bild.

Die Hetze beginnt.

Personen.

Klaus Eckstein.
Doppelmeier.
Hannchen.
Leopold.
Fritz Hörter, Student.
Wackerbart, Stiefelputzer.
Kellner.
Ein Droschkenkutscher.
Erster } Straßenjunge.
Zweiter }
Droschkenkutscher, Reisende, Jungen.

(Restaurations-Garten an der Eisenbahn. Tische und Stühle. Im Hintergrunde die Eisenbahn selbst mit dem Stationsgebäude.)

Erster Auftritt.

Droschkenkutscher (sitzen an den Tischen und trinken).

Chor.

Droschkenkutscher! welch Vergnügen
Ist es, Droschkenkutscher sein!
Auf dem Bocke sich zu wiegen,
Auf der Straße stets zu liegen,
Durch die ganze Stadt zu fliegen
Und auf jeden Fall verschwiegen —
Ach, ein Droschkenkutscher sein,
Droschkenkutscher, welch Vergnügen!

Einer.

Kommen Mädchen schlank und fein,
Steigen aus und steigen ein,

Kutscher höflich und gewandt,
Bietet hülfreich seine Hand;
Welche Händchen sanft und fein,
Welche Füßchen zart und klein —

Chor.
Droschkenkutscher, welch Vergnügen
Ist es, Droschkenkutscher sein.

Einer.
Abends bei des Mondes Schein
Steigt ein zärtlich Pärchen ein;
Welch ein Flüstern, Ohr an Ohr —
Und ein Küßchen kommt auch vor —
Doch verschwiegen muß man sein,
Denn das Trinkgeld ist nicht klein —

Chor.
Droschkenkutscher, welch Vergnügen
Ist es, Droschkenkutscher sein.
(Die Eisenbahnglocke wird geläutet.)

Ein Droschkenkutscher. Horch, das erste Zeichen! Kommt, wenn uns der Commissair trifft, giebt es ein Protokoll.

Die Droschkenkutscher (gehen langsam nach und nach ab).

Kellner (räumen die Gläser weg).

Zweiter Auftritt.
Klaus. Fritz Höxter.

Klaus (ohne Bart, in schwarzer, ehrbarer Kleidung, mit weißer Wäsche). Michel, ich nehme Dich! Du wartest auf jeden Fall!

Droschkenkutscher. Gut, Nr. 97., Sie wissen! (Ab.)

Klaus. Wir kommen fast zu früh. In einer halben Stunde kommt der Zug und dann beginnt unsere Komödie! —

Fritz (mit Backenbart und Schnurrbart, ganz zugeknöpftem Oberrock). Wenn sie nur gelingt.

Klaus. Sie muß! Dieser Müller ist ebenso dumm, als er schlecht ist, denn zu dieser gänzlichen Gefühllosigkeit, zu diesem förmlich brutalen Egoismus gehört ein tüchtig Theil Dummheit!

Fritz. Hm, was Du mir von ihm erzählst, sieht eben nicht dumm aus!

Klaus. Doch! Eine gewisse Pfiffigkeit ist mit Dummheit gar nicht unvereinbar, besonders wenn sie kein Mittel scheut, ihren Vortheil zu verfolgen. Doch habe ich keine Sorge. Er kommt zum ersten Male in die Stadt, und seine Unbeholfenheit muß ihn uns in das Netz führen.

Fritz. Du bist der Verfasser der Komödie; wenn sie durchfällt, ist es Deine Schuld. Aber länger als bis übermorgen darf die Geschichte nicht dauern. Meine Examina habe ich hinter mir und ich muß in die Heimath.

Klaus. Um nach den flotten Studentenjahren ein ehrbarer Philister zu werden — so bedanke Dich, daß Du noch die Erinnerung an einen prächtigen Schwank mitnimmst. Laß Dich einmal ansehen. Wahrhaftig, mit diesem Barte siehst Du aus wie ein straffer Beamter; wäre ich ein Spitzbube, ich würde mich selbst vor dem Herrn Criminal-Commissarius fürchten. Deine Rolle weißt Du?

Fritz. Sorge nicht; es gilt einen Hallunken zu prellen, da bin ich auf dem Platze!

Klaus. Und jetzt verziehe Dich; Niemand darf uns beisammen sehen, wir kennen uns nicht. Ich rufe Dich, wenn es Zeit ist.

Fritz. Fiat! Ich werde mir im Saale indessen ein Fläschchen zu Gemüthe führen! (Ab.)

Klaus (ihm nachrufend). Bestelle mir ein Glas Zuckerwasser! — Vor allen Dingen gilt es, den Kerl zutraulich zu machen. Ein Bauer ist an und für sich mißtrauisch; ist er aber dazu ein solcher Spitzbube, so ist er es doppelt! Ich muß selbst zurückhaltend sein, das gefällt ihm am Ersten. Mit offnem Wesen wäre Alles bei ihm verdorben. Argwohn wird er, der Argwöhnische, für Klugheit nach seiner Art halten; ein Spitzbube traut dem andern am wenigsten.

Couplet.

1.

Wenn Einer aus zu kaufen geht
Und recht voll Argwohn ist,
Ob man ihm nicht zu nahe thät,
Und ob man richtig mißt,

Und ob man auch genau ihm wiegt,
Ihm keine Fallen stellt;
Ob man im Preis ihn nicht betrügt
Und giebt kein falsches Geld —
Wer überall Betrug entdeckt —
Hat selber hinter'm Busch gesteckt.

Hat Einer eine junge Frau
Und ist voll Noth und Pein,
Bewacht sie ängstlich und genau,
Ob sie auch brav wird sein —
Er glaubet nicht an ihre Treu'
Mit eifersücht'gem Geist,
Geht ja ein junger Mann vorbei,
Er sie vom Fenster reißt —
Wen jeder Blick, jed' Wort erschreckt —
Hat selber hinter'm Busch gesteckt.

Hat Eine einen Bräutigam
Und fragt ihn immerfort,
Ob sie die erst', zu der er kam,
Und der er gab sein Wort,
Ob seine Liebe ungetrübt
Durch die Erinnerung,
Ob keine er vor ihr geliebt,
Noch keine, hübsch und jung —
Die ihre Frag' so weit erstreckt,
Hat selber hinter'm Busch gesteckt.

Ein Lehrer, der recht hart und streng
Die Schüler überwacht,
Er hält sie eingeschlossen eng
Und giebt auf Alles Acht;
Er duldet keinen frischen Muth,
Verbietet jede Lust,
Und tadelt stets in strengster Huth
Ein Wort aus freier Brust —
Wer die Erziehung so bezweckt,
Hat selber hinter'm Busch gesteckt.

Dritter Auftritt.

Klaus. Leopold. Kellner.

Kellner (bringt Zuckerwasser für Klaus und Wein für Leopold, stellt beides auf verschiedene Tische und geht ab).

Leopold (geht aufgeregt hin und her). Den Zug warte ich ab. Sehen will ich den Schurken, der mich zweifach betrügen will — vor's Angesicht will ich ihm treten, ihm sagen, daß er der schändlichste Bube ist, ha, die Faust ballt sich mir unwillkürlich; giebt er mir eine ungeschliffene Antwort, schlage ich ihn nieder. (Hebt unwillkürlich drohend den Arm.)

Klaus (ist ihm mit drolligen Gebärden nachgegangen und steht plötzlich, als er sich wendet, vor ihm). Bitte, brauchen Sie Ihre Bequemlichkeit.

Leopold. Was wollen Sie?

Klaus. Lernen!

Leopold. Was?

Klaus. Ich bin Hundearzt und studire die Ausbrüche der Tollwuth!

Leopold. An mir?

Klaus. Wie Sie sehen.

Leopold. Wollen Sie mich foppen?

Klaus. Ja!

Leopold. Sie unterstehen sich!

Klaus. Das ist mein Handwerk!

Leopold. Lassen Sie mich ungeschoren!

Klaus. Wäre auch nicht gut thunlich!

Leopold. Was?

Klaus. Sie zu scheeren! Ihre Haare stehen vor Wuth zu Berge, da ist schwer durchzukommen.

Leopold. Gehen Sie zum Teufel!

Klaus. Wenn ich nur wüßte, wo er wohnte, ich habe schon lange seine Bekanntschaft gewünscht.

Leopold. Was wollen Sie eigentlich?

Klaus. Eine gute Frau mit 100,000 Thalern, wenn ich sie kriegen könnte!

Leopold. Herr, Sie reizen mich!

Klaus. Wäre überflüssig, Sie sind schon gereizt.

Leopold (sieht ihn näher an). Sie — Sie — Sie kommen mir bekannt vor!

Klaus. Endlich — die Wuth legt sich, die Besinnung kehrt zurück!

Leopold. Ist es wahr? Klaus?

Klaus. Der alte Klaus, Freund Leopold!

Leopold. Ich war drei Jahre entfernt —

Klaus. Und hast mich nicht gleich wieder erkannt — namentlich ohne Bart — das kommt alle Tage vor.

Leopold. Wie geht es Dir?

Klaus. Heute ausnahmsweise gut, sonst gewöhnlich schlecht.

Leopold. Wie?

Klaus. Es ist kein Spaß mehr in der Welt! Die Menschen sind gar zu ernsthafte Bestien, wie irgend ein berühmter Mann sagt.

Leopold. Immer noch der alte muntere Klaus.

Klaus. Es wird Einem sauer genug gemacht, munter zu sein. Die Leute sprechen von Fortschritt, von Entwicklung, hol's der Kukkuk. Die ganze Entwicklung besteht darin, daß sie alle Tage neue Anstalten gegen einen gesunden Spaß erfinden. Auf der Schule sollte ich immer still sitzen und eine Menge Dinge lernen, von deren Nothwendigkeit ich mich niemals überzeugen konnte — ich durchbrach die Langeweile hier und da mit einem lustigen Streiche — da hatten sie eine Anstalt, die hieß Lehrerkonferenz, die erklärte mir: sie verstände keinen Spaß und jagte mich fort. Auf der Universität hoffte ich, es nun lustig zu finden; da hatten sie eine noch verdammtere Anstalt, Einem den Spaß zu vertreiben, die nannten sie Carcer Auf der Schule hatten sie mich wenigstens hinausgejagt, hier steckten sie mich hinein. Jetzt bin ich in's bürgerliche Leben getreten, wie sie sagen, — aber da haben sie erst recht eine Anstalt, die über den Spaß geht. Ach, lieber, alter Freund, wer mit der Polizei zu thun hat, dem vergeht aller Spaß!

Leopold. Dir ist er noch nicht vergangen, wie ich merke!

Klaus. Gott sei Dank, noch nicht ganz. Und ich will auch nicht undankbar sein, denn gelingt Einem ein Mal ein Streich trotz der Polizei, so hat man doppelten Spaß.

Leopold. Und was hast Du jetzt vor?

Leopold. Sie hat nicht den Muth, zu folgen — und übrigens kann ich das jetzt nicht. Mein Vater, arm von Amerika zurückgekehrt, hat den Rest seines Vermögens bei einem treulosen Freunde verloren — ich muß für ihn sorgen und kann mich erst in einigen Jahren so weit hinaufarbeiten, um an's Heirathen denken zu können.

Klaus. Heißt der treulose Freund Deines Vaters etwa Doppelmeier?

Leopold. Ja!

Klaus. Und er will auch Dein Mädchen heirathen?

Leopold. Ja!

Klaus. Halloh, dieser Doppelmeier ist mein Fuchs. Junge, Du hast mich einmal aus dem Wasser gezogen, als ich den dummen Spaß vorhatte, ersaufen zu **wollen**. Das mache ich wieder gut. Jetzt gilt es nicht blos, den Doppelmeier zu prellen, sondern auch Dir Dein Mädchen zu verschaffen. Still, da pfeift es, der Zug kommt an — die Hetze beginnt! Du mußt eine Rolle übernehmen, nur eine ganz kleine — komm, ich unterrichte Dich! (Zieht ihn fort.)

Vierter Auftritt.

(Ankunft des Zuges. Gedränge von Reisenden, von Lohndienern, Packträgern, Gassenjungen. Die Namen verschiedener Gasthöfe werden durcheinander gerufen, die Nummern von Droschken u. s. w. — Das Bild soll so lebendig als möglich sein, muß aber der Anordnung der Regie überlassen bleiben. Bei kleineren Bühnen kann das Halten des Zuges hinter der Scene angenommen werden.)

Fünfter Auftritt.

Doppelmeier (hat zwei Straßenjungen beim Kragen und schleppt sie in den Garten. Der eine trägt eine Reisetasche, der andere einen Mantelsack.)

Doppelmeier. Hier legt die Sachen hin!

Erster Junge. Wollen Sie weiter fahren?

Zweiter Junge. Wollen Sie nach der Stadt?

Erster Junge. Ich trage die Sachen!

Zweiter Junge. Hôtel de Pologne!

Doppelmeier. Nichts will ich, ich suche meinen Vetter!

Erster Junge. Den Vetter?

Zweiter Junge (ruft). Herr Vetter! Herr Vetter!

Erster Junge (stimmt mit ein).

Klaus. Eine Fuchshetze.

Leopold. Einen Fuchs willst Du hetzen?

Klaus. Ob er mehr Fuchs oder Esel ist, will ich unentschieden lassen — ein Stück Vieh ist er jedenfalls.

Leopold. Erzähle!

Klaus. Gut, ich kann Dich dabei brauchen. Seitdem ich von der Universität oder, besser gesagt, aus dem Carcer entlassen bin, lebe ich als bürgerliches Gesellschaftsmitglied so ehrbar als eben möglich, verzehre die wenigen Renten, die mir mein Vater hinterlassen hat, begnüge mich mit einem bis zwei lustigen Streichen täglich — und laufe zuweilen ein paar Wochen im Lande zu Fuße herum, meiner Studien wegen.

Leopold. Du studirst?

Klaus. Die Narrheit der Menschen, ein unerschöpfliches Thema. Kann ich einmal meine Faulheit überwinden und mich zum Schreiben entschließen, so liefere ich ein vortreffliches Buch. Gestern kehrte ich von einem solchen Ausfluge zurück, gerieth in den Garten eines Müllers, der heute hier in die Stadt kommt, und fand in ihm einen Gauner erster Klasse. Er ist der Fuchs, den ich hetzen will. Mir fiel ein Brief an seinen Vetter, einen Candidaten, in die Hände, worin er diesen bittet, ihm eine Wohnung in der Stadt zu besorgen. Den Brief behielt ich und werde mich selbst als den Vetter vorstellen. Ich muß mich prächtig als ehrwürdiger Candidat ausnehmen.

Leopold. Ah so, Deine ehrbare Kleidung fiel mir mir auf.

Klaus. Ein Zimmer meiner eignen Wohnung habe ich hergegeben, das soll er beziehen, als hätte ich es für ihn gemiethet. Mein Stiefelputzer spielt den Wirth, ein fortgejagtes Kammermädchen dessen Frau, kurz die Netze sind gelegt, ihn zu fangen — und Du mußt auch eine Rolle übernehmen.

Leopold. Ich bin nicht in der Stimmung.

Klaus. Was fehlt Dir?

Leopold. Ich liebe — und ohne Hoffnung.

Klaus. Will sie Dich nicht?

Leopold. Doch, allein sie wird gezwungen, einen Anderen zu heirathen.

Klaus. Das ist Wasser auf meine Mühle! Wir entführen sie!

Doppelmeier. Ei, ist das eine Brut!

Erster Junge. Herr, mein Trinkgeld!

Zweiter Junge. Ich habe die Reisetasche getragen!

Erster Junge. Und ich den Mantelsack!

Doppelmeier. Der Teufel hat es Euch geheißen. Scheert Euch fort, Ihr bekommt nichts!

Jungen. Er giebt nichts! Herr Vetter! Herr Vetter!

Sechster Auftritt.
Vorige. Klaus.

Klaus (langsam und ehrbar). Schämt Euch, einen Fremden so zu belästigen. Ich werde gleich dem Polizeidiener winken!

Jungen. Herr Vetter! Herr Vetter! (Laufen ab.)

Klaus (immer Doppelmeier gegenüber in der Rolle eines Candidaten). Wenn mich meine Vermuthung nicht trügt, so bin ich der Mann, den Sie suchen.

Doppelmeier. Ich suche meinen Vetter, den Candidaten Hobelmann!

Klaus. So sind Sie der Müller und Gutsbesitzer, Herr Doppelmeier aus Gernsdorf?

Doppelmeier. Allerdings.

Klaus. Und ich bin der unwürdige Candidat der heiligen Gottesgelahrtheit, Hobelmann — zum Beweise dessen ist hier Ihr Brief.

Doppelmeier. Ei, Vetter, ich hätte Sie nicht gekannt!

Klaus. Allerdings; wie Sie in Ihrem Briefe bemerkten, haben wir uns in 15 Jahren nicht gesehen, da ist dann das Erkennen wohl unmöglich. Da wir uns nun wiedersehen nach langer Zeit, ziemt es sich auch, daß wir uns als christliche Verwandte umarmen und uns begrüßen mit dem brüderlichen Du, wie sich schon die Erzväter unter einander nannten im alten Testamente. (Stiehlt ihm während der Umarmung die Uhr.)

Doppelmeier. Mir ist es recht, Vetter, Du scheinst mir ein anständiger Kerl zu sein.

Klaus. Wie sollte ich nicht, als Candidat des heiligen Predigtamtes.

Doppelmeier. Na, na, damit thue Dich nicht dick.

Ich bin sonst den Schwarzröcken nicht sonderlich grün, aber es giebt Ausnahmen überall.

Klaus. Wehe Dir, Vetter, wenn Du beharrst in sündlicher Verstockung und mißachtest die Diener des Herrn. Doch vielleicht gelingt es mir, Dich zu erleuchten mit meinem Worte und die Gnade bei Dir zum Durchbruch zu bringen!

Doppelmeier. Na, laß es gut sein, Vetter! Sage, hast Du mir eine Wohnung besorgt?

Klaus. Allerdings habe ich. Da ich aber bedachte, daß es in den Gasthöfen sehr theuer ist, und der Weise und Gerechte wohl daran thut, sein zeitlich Gut zusammenzuhalten —

Doppelmeyer. Mir aus der Seele gesprochen!

Klaus. Sintemalen die Verschwendung ein arges Laster ist —

Doppelmeier. Vetter, zu dieser Religion wirst Du mich bald bekehren.

Klaus. Habe ich Dir eine Privatwohnung gemiethet bei einem braven stillen Manne, welcher Dir einen mäßigen Preis abfordern wird.

Doppelmeier. Recht, Vetter!

Klaus. Weil ich nun verhindert bin, Dich selbst dahin zu führen, so wird Dein braver Wirth Dich hier abholen — und mich wundert, daß er noch nicht da ist. Also erwarten wir ihn hier.

Doppelmeier. Ist mir recht, man könnte sich indessen etwas anfeuchten! He, Kellner, eine Flasche Wein!

Klaus. Wein solltest Du meiden, Vetter, da er das Blut erregt und die Leidenschaften aufstachelt. Siehe, ich pflege nichts zu genießen als Wasser. (Trinkt.)

Kellner (bringt Wein).

Doppelmeier (für sich). Desto besser, so trinke ich allein! (Laut.) Ja, das sage ich meinen Leuten auch immer: Wasser, trinkt Wasser!

Klaus. Doch nun erlaube, Vetter, daß ich Dir einige wohlgemeinte Rathschläge ertheile. So Du in die Stadt nun kommst, sei vorsichtig. Prüfe Alles und beachte wohl, wem Du trauest, denn es herrscht eitel Lug und Trug in der Welt. Es giebt gar viele Verwahrloste, die darauf ausgehen, das siebente Gebot zu verletzen und ihren Nebenmenschen seiner Habe zu berauben.

Doppelmeier. Das habe ich auch gehört — aber mich fangen sie nicht so leicht. Donnerwetter —!

Klaus. Warum fluchst Du so unchristlich?

Doppelmeier. Meine Uhr!

Klaus. Was?

Doppelmeier. Gestohlen! Ei, so wollt' ich doch — als ich ausstieg, hatte ich sie noch.

Klaus. Ja, die Taschendiebe sind gefährlich!

Doppelmeier. Ei, da soll doch gleich der Blitz in die verfluchten Kerle schlagen, meine goldne Uhr mit Kette! Das ist ein schöner Anfang!

Klaus. Fluche nicht. Ich habe vorhin dort den Criminal=Commissarius Freimund gesehen, sein Auge wacht überall; er ist der Schrecken aller Verbrecher. Vielleicht weiß er Hülfe! Verziehe hier, ich gehe, ihn zu benachrichtigen. (Ab.)

Doppelmeier. Für so arg hätte ich die Spitzbuben doch nicht gehalten. Vor meinen sichtlichen Augen, an meinem lebendigen Leibe! Ich könnte mir aber selber Ohrfeigen geben, warum war ich auch solch ein Esel und ließ die Uhr so groß und breit über dem Magen hängen. Da thäte man wahrhaftig gut, man ginge in einem Harnisch, wie die alten Ritter.

Siebenter Auftritt.

Doppelmeier. Klaus. Fritz.

Klaus. Da ist der Fremde.

Fritz (kurz, ernst, mit etwas Amtsmiene, hat eine Brieftasche, in die er notirt). Sie kennen ihn?

Klaus. Es ist Herr Gottlieb Doppelmeier, Müller und Gutsbesitzer aus Gernsdorf.

Fritz. Sie bürgen für ihn?

Klaus. In allen Formen.

Fritz. Das genügt!

Doppelmeier (für sich). Mir wird fast Angst.

Fritz. Ihnen ist eine Uhr gestohlen worden?

Doppelmeier. Ja, Herr Criminal=Commissarius.

Fritz. Ich wußte es. Ist das Ihre Uhr?

Doppelmeier. Ja, das ist sie.

Fritz. Da Herr Candidat Hobelmann für Sie bürgt, begnüge ich mich mit Ihrer bloßen Erklärung und gebe

Ihnen die Uhr zurück! Sie sehen jetzt: meinem scharfen Auge entgeht Nichts. Der Dieb ist bereits in den Händen der Polizei und sieht seiner Bestrafung entgegen.

Doppelmeier. Lassen Sie i.n hängen!

Fritz. Kann nicht geschehen. Nach §. 4444. des Strafgesetzbuchs stehen sechs Monate Zuchthaus auf Taschendiebstahl. In einigen Tagen werde ich Sie vorladen lassen, damit Sie Ihr Zeugniß abgeben.

Doppelmeier (zieht seinen Geldbeutel). Ei, da haben Sie ja wohl verdient —

Fritz. Was unterstehen Sie sich? Einem Beamten Geld anbieten heißt ihn bestechen und nach §. 5555. stehen darauf sechs Wochen Gefängniß.

Klaus. Mein Vetter ist so fremd hier —

Fritz. Nun, das mag ihn für dieses Mal entschuldigen — aber hüten Sie sich für ein anderes Mal. (Ab.)

Klaus. Vetter, was thust Du? Diesem streng redlichen Mann wagst Du Geld anzubieten?

Doppelmeier (steckt seinen Geldbeutel ein). Wenn er es nicht nehmen will, desto besser.

Klaus. Dieser Mann ist scharf und unbestechlich. Wehe Dem, der sich etwas zu Schulden kommen läßt und ihm in die Hände fällt. Unerbittlich überliefert er ihn der Strafe!

Doppelmeier. Ja, ja, ich möchte auch nicht im Bösen mit ihm zu thun haben. Aber, eine gute Polizei habt Ihr hier, das muß wahr sein.

Klaus (setzt sich) Doch jetzt sage, was führt Dich denn eigentlich nach der Stadt?

Doppelmeier. Daß ich heirathen will, habe ich Dir schon geschrieben. Außerdem — zu Dir im Vertrauen — habe ich 10,000 Thaler in der Lotterie gewonnen — dann habe ich noch ein Kapital von 6000 Thalern — das möchte ich zusammen gut anlegen.

Achter Auftritt.
Vorige. Leopold. Kellner.

Kellner (setzt ein Glas Wasser auf den Tisch und eine Flasche Champagner und geht ab).

Leopold (öffnet langsam den Wein, gießt einige Tropfen in das Wasser und trinkt — Alles ohne sich zu setzen.)

Klaus (ruhig fortfahrend). Auf Hypothek?

Doppelmeier. Da giebt's zu wenig Zinsen.

Klaus. Willst Du Actien kaufen, Staatspapiere?

Doppelmeier. Ist mir zu unsicher.

Klaus. Also bei einem Banquier?

Doppelmeier. Hm, wenn ich ein recht sicheres Haus wüßte —

Klaus. Still! Wie der Zufall spielt. Dort ist eben der erste Banquier der Stadt, Herr von Schildblau, ein Vermögen von sechs Millionen, ein rechtschaffner Mann — nur ist er zu viel Verschwender.

Doppelmeier. Wie so?

Klaus. Wenn er, wie eben jetzt, bei seinem Spaziergange irgendwo eintritt, nimmt er ein Glas Wasser, thut einige Tropfen Champagner hinein und läßt die ganze Flasche stehen. Siehst Du?

Doppelmeier. Donnerwetter, der muß es dick sitzen haben.

Klaus. Wenn Der Dein Kapital nähme, dann wärst Du geborgen.

Doppelmeier. Ei, ich will ihn gleich fragen.

Klaus. Jetzt nicht, das schickt sich nicht.

Doppelmeier. Ach, laß mich; frische Fische, gute Fische. (Steht auf.) Guten Tag, Herr von Schildblau!

Leopold (vornehm). He?

Doppelmeier. Ich bin der Gutsbesitzer Doppelmeier aus Gernsdorf.

Leopold. He?

Doppelmeier. Ich hätte ein Kapitälchen anzulegen.

Leopold. Mache auf der Straße keine Geschäfte. Haben sich mir vorgestellt, gut. Können mich besuchen. Adieu! (Ab.)

Doppelmeier. Der ist kurz angebunden.

Klaus. Hm, der reichste Mann der Stadt — er fühlt sich. Sonst ist er freundlich — und Du kannst sicher darauf rechnen, eine Einladung von ihm zu erhalten, da Du Dich ihm vorgestellt hast. Für gewöhnlich nimmt er keine Kapitalien, und wer sie bei ihm anbringt, kann es sich zur Ehre schätzen. Uebrigens ist er ein Mann nach dem Herzen Gottes, der mit dem Pfunde wuchert, das ihm Gott gegeben.

Doppelmeier. Der Mann gefällt mir; ich mach's auch so auf meinem Gute, wo ich der Reichste bin.

Klaus. Doch da kommt endlich Dein Wirth, Dich abzuholen. Was sehe ich, er hat seine junge Frau mitgebracht.

Doppelmeier. Sapperment, ein schmuckes Weibchen!

Klaus. Hüte Dich, Dein Auge auf sie zu werfen; der brave Mann hat den einzigen Fehler, etwas eifersüchtig zu sein.

Neunter Auftritt.

Vorige. Wackerbart (führt) **Hannchen** (am Arm).

Wackerbart (in guter, etwas militairischer Kleidung). Da sind Sie ja, Herr Candidat! Nun, wo haben Sie meinen Miethsmann?

Klaus. Hier, Herr Wackerbart, mein Vetter Doppelmeier.

Wackerbart. Freue mich; Ihr Vetter hat Sie mir empfohlen, sind willkommen. Sollen ein braver Mann sein, bin ein alter Soldat, mache nicht viel Umstände. Da, Hannchen, unser Miethsmann!

Hannchen (verbeugt sich und wirft ihm einen langen Blick zu). Große Ehre für uns!

Doppelmeier. Wir werden schon zusammen zufrieden sein, Herr Wackerbart. (Für sich.) Donnerwetter, hat die ein Paar Augen im Kopfe. (Schenkt ein; laut.) Wollen Sie nicht ein Glas Wein nehmen?

Hannchen (trinkt). Zum Willkommen für Sie in unserem Hause.

Klaus (zieht Wackerbart bei Seite). Alles in Ordnung?

Wackerbart. In schönster Ordnung! Wo haben Sie denn das Kameel aufgetrieben? Dem sieht man ja das Rhinoceros an den Augen an?

Klaus. Und Hannchen?

Wackerbart. Freut sich höllisch auf die Schwiete. Sie hat eine barbarische Wuth auf den Kerl. Hätte sie nicht die Aussicht, ihn zu bemöbeln, ich glaube, sie kratzte ihm die Augen aus.

Klaus. Sieh, wie sie kokettirt — ich glaube, er fängt schon Feuer.

Wackerbart. O, er soll bald brennen!

Doppelmeier (der mit Hannchen sprach, halblaut). Ein so allerliebstes Händchen sollte keine Handschuhe tragen.

Hannchen (zieht langsam den Handschuh aus). Und warum nicht?

Doppelmeier. Daß man es immer sehen kann.

Hannchen (immer kokettirend). Gehen Sie, Sie sind gefährlich

Doppelmeier. Und küssen!

Hannchen. Um Gottes Willen, wenn mein Mann das sieht.

Doppelmeier. Er wird doch nicht.

Hannchen. Ach, er ist so eifersüchtig.

Doppelmeier. Eine kluge Frau versteht ihm doch eine Nase zu drehen.

Hannchen (mit flammendem Blick). Pfui, wer wird das thun! Ei, ei, Herr Doppelmeier, was muß ich von Ihnen hören.

Wackerbart (laut, starf). Hannchen!

Hannchen. Lieber Wackerbart!

Wackerbart. Du fällst dem Herrn beschwerlich!

Doppelmeier. Ei bewahre, lassen Sie die junge Frau!

Wackerbart. Nichts da, ich kann es nicht leiden, wenn meine Miethsleute belästigt werden.

Hannchen. Aber lieber Wackerbart.

Wackerbart. Nun, es ist schon gut. Wir wollen nach der Stadt, die Droschke wartet. Herr Doppelmeier wird müde von der Reise sein und sich in seiner Wohnung einrichten wollen.

Hannchen. Wie Du befiehlst.

Wackerbart. Also vorwärts! Ich nehme den Mantelsack, Du die Reisetasche.

Hannchen. Gern. (Nehmen das Gepäck.)

Wackerbart. Leben Sie wohl, Herr Candidat! Vorwärts, Hannchen! (Geht.)

Hannchen (folgt).

Klaus. Ich sehe morgen nach, wie Du Dich befindest, Vetter.

Doppelmeier. Gut, Vetter, ich erwarte Dich. (Für sich.) Donnerwetter, mit der jungen Frau muß ich ein Abenteuerchen anfangen. (Ab.)

Klaus (winkt).

Zehnter Auftritt.
Klaus. Leopold. Fritz.

Klaus (jubelnd). Jungens, Ihr habt Eure Sache vortrefflich gemacht. Seht Ihr, da geht der Fuchs und merkt die Schlingen nicht, die sich immer dichter um ihn zusammenziehen. Kommt, nehmt die Gläser! (Schenkt aus der Champagnerflasche ein.) Endlich einmal ein Spaß und einer, wie ich ihn noch nicht erlebt habe! Wir haben einem Lehrer, der einen Kameraden ungerecht gestraft hatte, die Stuhlbeine entzwei gesägt, daß er zum allgemeinen Gelächter den Boden küßte; wir haben einem hochmüthigen Geizhals, der ein braves Mädchen sitzen lassen, die Fenster eingeworfen; wir haben einem reichen Schufte, der einen Meineid geschworen, eine Katzenmusik gebracht; aber einen so dreifach gesottenen Hallunken haben wir noch nicht gehabt, eine so schlaue und verwickelte Jagd haben wir noch nicht angestellt. Du sollst Dein Kapital wieder haben, Leopold, um das er Deinen Vater betrogen — und für Dich, Fritz, lasse ich mich photographiren als ehrbarer Candidat, ich kann Dich nicht königlicher belohnen! Pereat dem Doppelmeier!

Alle. Pereat.

Klaus. Und vivat unsrer Schelmerei!

Alle. Hip, hip, hip — vivat! (Drei Mal.)

Viertes Bild.

Der Fuchs geht in's Garn.

Personen.

Klaus.
Doppelmeier.
Hannchen.
Wackerbart.
Fritz.

(Stube, behaglich eingerichtet. Mittelthür. Zwei Seitenthüren. Secretair, zwei große Schränke, Tische und Stühle.)

Erster Auftritt.

Hannchen.

Ich möchte wohl wissen, ob jemals eine Schauspielerin ihre Rolle mit solcher Lust und Leidenschaft gespielt hat, als ich die meinige, wo es gilt, diesen spitzbübischen Müller zu fangen. Wenn meine Rolle nur nicht so leicht wäre! Ich soll ihn verliebt machen! Die Aufgabe ist für ein hübsches und gescheidtes Mädchen doch gar zu gering.

Couplet.

Der Schöpfung Herr dünkt sich der Mann,
Doch an der Herrschaft ist nichts dran.
Ist auch ein Mann noch so gelehrt,
Hat beim Examen sich bewährt,
Weiß, was die Griechen einst gesagt
Und Jeremias hat geklagt,
Versteht der Sterne Lauf und Spur,
Kennt ganz genau Kunst und Natur, —

Er wird verliebt — und eins, zwei, drei,
Mit seiner Weisheit ist's vorbei;
Der stolze Mann mit allem Wissen,
Demüthig liegt er ihr zu Füßen —
Ein hübsches und gescheidtes Mädchen
Führt jeden Mann am seid'nen Fädchen.

Böt' Einer auch der Liebe Hohn,
Spräch' gar von ihr in stolzem Ton —
Ein Lächeln hold und anmuthsvoll,
Ein Blick, so süßen Schmachtens voll,
Ein Seufzer wie halb unbewußt,
Als käm' er aus bewegter Brust —
Das Aug' dann wieder abgewandt,
Als hätte man ihn nie gekannt —
Jetzt warm, dann wieder eisig kalt,
In immer wechselnder Gestalt,
Zuletzt ein leiser Druck der Hände —
's giebt Keinen, der da widerstände —
Ein hübsches und gescheidtes Mädchen
Führt jeden Mann am seid'nen Fädchen.

Der Herr Major ist streng und hart,
Und streicht er seinen Knebelbart
Und flucht dabei Kreuzmillion,
So zittert's ganze Bataillon,
Und Offizier und Grenadier
Sie wagen nicht ein Wörtchen schier.
Doch kommt der Herr zu seiner Braut,
Ist er bei weitem nicht so laut —
Ein Blick von ihr und er gehorcht,
Er ist um ihren Mops besorgt,
Zieht ihre Stirne sie in Falten,
Bequemt er sich das Garn zu halten —
Ein hübsches und gescheidtes Mädchen
Führt jeden Mann am seid'nen Fädchen.

Zweiter Auftritt.
Hannchen. Klaus. Wackerbart.

Klaus. Nun, Hannchen, wie steht's?
Hannchen. Ich danke, gut.

Klaus. Es war doch ein glücklicher Zufall, daß ich Dich gestern gerade traf, als man Dich so schnöde verabschiedet hatte, Dich wiedererkannte und für meine Komödie anwarb. Erzählt, wie ging es.

Wackerbart. Wir kamen gestern Abend gegen fünf Uhr von der Eisenbahn nach Hause. Die Wohnung gefiel ihm, allein der Preis von vier Thalern monatlich fand er zu hoch und handelte noch 15 Silbergroschen ab.

Klaus (lachend). Das sieht dem Knicker ähnlich.

Hannchen. Er machte sich immer viel um mich zu thun und bot mir endlich an, mich in's Theater zu führen.

Wackerbart. Natürlich sträubte ich mich anfangs, wollte es nicht zugeben, endlich ließ ich mich bereitwillig finden und band ihm meine Frau auf die Seele.

Hannchen. Er machte mir unterwegs den Hof, so plump, wie möglich — doch ich ging nicht viel darauf ein. Als wir in das Theater kamen, wollte er auf die Gallerie gehen; mit Mühe bewog ich ihn, daß er zweiten Rang nahm. Es war Wallenstein's Tod — im zweiten Aufzuge schlief er ein.

Klaus. Ich weiß Alles, ich habe Euch von ferne beobachtet.

Wackerbart. Jetzt ist er ausgegangen, um seinen Lotteriegewinn einzukassiren und die Stadt zu besehen.

Klaus. Alles recht. Ich habe ihn nicht aus den Augen gelassen und war immer auf seiner Spur. Er muß gleich nach Hause kommen. Heute Morgen muß die erste Mine springen. Spiele Deine Rolle gut, Du kennst Deinen Lohn.

Hannchen. Sorgen Sie nicht, mich begeistert die Rache.

Klaus. Ich höre ihn auf der Treppe. Geht in mein anderes Zimmer, ich will ihn hier erwarten.

Wackerbart. Viel Ehre legen wir nicht ein mit diesem Witze, der Kerl ist zu dumm. (Ab mit Hannchen.)

Klaus (allein). Dumm? O ja! Aber ich habe Achtung vor einer Dummheit, die so unverschämt auftritt. Der Schuft hat wirklich gewagt, sein falsches Geld auszugeben, gestern an der Theaterkasse und heute im Kaffeehause. Ich war zur Hand und habe es eingewechselt, damit sie ihn nicht gleich faßten. Vor großen Eigenschaften muß man den Hut abnehmen, wo man sie findet, und eine recht kolossale, unverschämte Dummheit ist so gut ein Naturwunder, wie ein Genie.

Dritter Auftritt.
Klaus. Doppelmeier.

Doppelmeier. Ah, guten Morgen, Vetter!

Klaus. Der Herr sei mit Dir, lieber Vetter. Ich benutze einen freien Augenblick, um mich zu erkundigen, wie es Dir geht und ob Dir die Wohnung gefällt, die ich Dir ausgesucht.

Doppelmeier. Vortrefflich, Vetter, nur ein bischen theuer.

Klaus. Bedenke, was Du sagst Du würdest anderwärts eine solche Wohnung nicht unter 15 Thaler bekommen, würdest im Wirthshaus das Doppelte bezahlen müssen. Ich weiß zwar nicht, was Dir Herr Wackerbart abgefordert hat, allein er versprach, es billig zu machen.

Doppelmeier. Na, laß gut sein. (Bei Seite.) Fünfzehn Thaler? Da bin ich doch gut angekommen.

Klaus. Du hast Dich schon in der Stadt umgesehen?

Doppelmeier. Ja, Vetter, ich habe gefrühstückt. Aber kleine Portionen giebt es und theuer! Eine Portion Schinken zum Frühstück für acht Groschen war nicht größer, als ich sie schon zwischendurch gegessen habe, da ich noch eine Amme hatte. Wenn ich ein halbes Jahr von solchen Portionen leben müßte, ich verlöre 50 Pfund am Gewicht.

Klaus. Wie hast Du denn Deinen gestrigen Abend verlebt?

Doppelmeier. Ich war im Theater.

Klaus. Wie? In dieses Sündenhaus hast Du Dich gewagt?

Doppelmeier. Sündenhaus?

Klaus. Ein leidiges Spiel des Satans wird dort getrieben, ein Spiel, darauf berechnet, eitel Sinnenlust zu wecken — o über die verderbten Zeiten! Haben sie doch vor Kurzem ein Fest gefeiert für einen gewissen Schiller, wie sie niemals die hohen Feste für die Kirche feiern, und dieser Schiller war doch auch ein unheiliger Komödienschreiber. Nur in der guten Stadt Berlin haben die From=

men des Landes dieses heidnische Fest gestört und es zum
Scandal vor der Welt gemacht, wodurch sie sich den Bei=
fall aller wahren Christen erworben haben.

Doppelmeier. Davon weiß ich nichts. Von Schil=
ler ist, glaube ich, das Stück gewesen, das sie gestern ge=
spielt haben; aber Sündenlust hat es nicht in mir geweckt,
ich bin dabei eingeschlafen.

Klaus. Nun so ist Dein unverdorbenes Gemüth
der Schild gewesen, der Dich behütet, wenn nicht ein guter
Engel Dich geschützt hat. Wenn Dir an Deinem Seelen=
heil etwas gelegen ist, so meide diese weltlichen Vergnü=
gungen. Hast Du denn schon einen Besuch gemacht bei
der tugendsamen Jungfrau Raubesand, der Pflegemutter
Deiner ehrbaren Braut?

Doppelmeier. Nachmittag will ich hingehen.

Klaus. Recht so, lieber Vetter. Doch jetzt mußt
Du mich entschuldigen, mich ruft der Gang zu einem
Kranken. Hüte Dich, wenn Du ausgehst, und ehe Du
Jemandem Vertrauen schenkst in dieser verderbten Stadt,
besinne Dich zwei Mal. Der Herr sei mit Dir! (Ab.)

Doppelmeier (allein, nachäffend). Der Herr sei mit
Dir! Langweiliger Kerl, der Herr Vetter! So ein Tu=
gendesel. Na, es hat auch sein Gutes. Er betrügt mich
nicht, er will nichts von mir, schleppt mich auch nicht überall
hin, wie ich schon fürchtete, wo ich für ihn bezahlen muß.
Da mag er immer langweilig sein. (Holt zwei Packete aus
der Tasche, besieht sie wohlgefällig und schließt sie in den Secretair.)
Schönes Geld, so ein Lotteriegewinn. Sie zogen mir zwar
viel ab an 10,000 Thalern, ich habe es aber dazu gelegt
— und so sind es zwei schöne Packete, jedes von 5000
Thalern, geworden. Hähähä, der dumme Teufel von Tisch=
ler ließ sich so gutwillig sein Loos wieder abkaufen. Dazu
die 6000 Thaler vom alten Willich — wenn ich das Ka=
pitälchen zu 5 Procent angelegt habe, soll es sich schon
vermehren.

Vierter Auftritt.

Doppelmeier. Hannchen (mit einem Handbesen).

Hannchen (erschrocken). Ach, Sie sind hier; verzei=
hen Sie, ich dachte, Sie wären nicht zu Hause. (Will fort.)

Doppelmeier. Ei, bleiben Sie nur!

Hannchen. Ich wollte die Möbel abputzen.

Doppelmeier. Putzen Sie nur zu.

Hannchen. Wenn Sie erlauben. (Putzt an den Möbeln.)

Doppelmeier (für sich). Wie ihr das Alles so flink von der Hand geht! Und was sie für ein Füßchen hat. Und diese Augen.

Hannchen (seufzt).

Doppelmeier. Sie seufzt! Dem armen Kinde geht es wohl schlecht in der Ehe. Ei nun, wenn sie nicht glücklich ist, kann man sie ja trösten. Mein frommer Vetter wird das doch für Christenpflicht erkennen. Sie seufzt schon wieder. (Laut.) Fehlt Ihnen etwas?

Hannchen (sieht ihn an und schüttelt mit dem Kopfe).

Doppelmeier. Sie sagt Nein — und dabei sieht sie mich an, als wollte sie Ja sagen.

Hannchen. Au! (Bläst in die Finger.)

Doppelmeier. Was haben Sie denn?

Hannchen. Ich habe mich geklemmt!

Doppelmeier. Da muß man ein bischen drücken. Warten Sie. (Drückt ihr den Finger.)

Hannchen (flüsternd) Nicht zu stark.

Doppelmeier. Nein, was Sie ein Händchen haben! Wahrhaftig, so groß haben sie die Kinder von sechs Jahren bei uns auf dem Lande. Na, was ziehen Sie denn weg?

Hannchen (verschämt). Das schickt sich nicht.

Doppelmeier. Was schickt sich nicht?

Hannchen. Daß ich einem fremden Herrn meine Hand lasse.

Doppelmeier. Ei, ich bin ja nicht fremd, ich bin ja Ihr Hausgenosse! Immer geben Sie her.

Hannchen (die Hände auf dem Rücken). Ach, es wird mir schwer, Ihnen etwas abzuschlagen.

Doppelmeier. Also her mit dem Patschchen!

Hannchen (bittend). Thun Sie es nicht, bitte, bitte. (Dreht sich.)

Doppelmeier (erwischt ihre Hand). Wahrhaftig, weich wie Sammet. Hähähä, aus meiner könnte man drei solcher Dingerchen machen. Ei, was wenden Sie denn das Köpfchen weg? Na, antworten Sie doch. Wollen

Sie den Kopf nicht umdrehen? Sie schütteln? Warum denn nicht?

Hannchen (leise). Sie sehen mich so an.

Doppelmeier. Wie sehe ich Sie denn an?

Hannchen (schlägt die Augen nieder). Das kann ich nicht sagen.

Doppelmeier. Ah bah, ich bin ja kein Drache mit einem bösen Blick. Herum den Kopf!

Hannchen (dreht langsam den Kopf und sieht ihn schmachtend an).

Doppelmeier (läßt sie los, geht von ihr, für sich). Donnerwetter, da wird einem ganz warm. Das ist denn doch was Anderes, als die Mädchen auf dem Dorfe. Ein allerliebstes Weibchen! Mit der muß ich anbandeln, koste es, was es wolle!

Hannchen (geht langsam an ihr Geschäft).

Doppelmeier. Und ich habe ihr auch gefallen, das ist klar. Na, es ist kein Wunder, ein junger hübscher Kerl bin ich! Also frisch. (Laut.) Sind Sie böse?

Hannchen (sehr sanft). Wie sollte ich? Ich hätte keine Ursache.

Doppelmeier. Also böse sind Sie nicht?

Hannchen (langsam). Ich muß mein Geschäft vollenden.

Doppelmeier. Wie heißen Sie denn?

Hannchen. Mein Mann heißt Wackerbart.

Doppelmeier. Wer fragt nach Ihrem Manne! Wie ruft man Sie?

Hannchen (leise). Hannchen!

Doppelmeier. Wie?

Hannchen. Hannchen!

Doppelmeier. Hannchen! Welch ein schöner Name! Hannchen, das spricht sich so weich aus! Sagen Sie einmal, liebes Hannchen, warum seufzen Sie denn so?

Hannchen. Hab' ich geseufzt? Das wußt' ich nicht.

Doppelmeier (plump, wie die ganze Scene hindurch). Fehlt Ihnen etwas?

Hannchen (seufzt).

Doppelmeier. Sehen Sie, schon wieder.

Hannchen. Lassen Sie mich, Sie sind gefährlich!

Doppelmeier. Ich bin gefährlich? (Für sich.) Aha, ich merke was! (Laut.) Warum bin ich denn gefährlich?

Hannchen. Sie können einem die Gedanken belauschen.

Doppelmeier (dumm). Die Gedanken belauschen? Ne! Wie macht man denn das?

Hannchen. Verstellen Sie sich nicht, Sie lesen einem in dem Herzen.

Doppelmeier. Na, lassen wir das; das Lesen ist nicht meine starke Seite. Was steht denn in Ihrem Herzen?

Hannchen (seufzt).

Doppelmeier. Ich hab's, ich hab's!

Hannchen (ängstlich). Um Gottes willen!

Doppelmeier. Sie sind mit Ihrem Manne nicht zufrieden.

Hannchen (ängstlich). Reden Sie nicht so!

Doppelmeier (faßt ihre Hand). Es ist ja auch kein Wunder!

Hannchen (will ihm die Hand entziehen). Ich bitte Sie —

Doppelmeier. So ein alter, häßlicher Mann —

Hannchen. Hören Sie auf!

Doppelmeier. Und so ein junges, frisches, liebes Weibchen!

Hannchen. Was machen Sie aus mir?

Doppelmeier. Hab' ich's getroffen?

Hannchen. Ach! (Legt einen Augenblick ihren Kopf an seine Brust, fährt dann zurück und verhüllt weinend ihr Gesicht.)

Doppelmeier (dumm). Na, was soll denn das nun wieder?

Hannchen (schüttelt weinend den Kopf).

Doppelmeier. Warum weinen Sie denn? Ei, ich habe Ihnen ja nichts gethan! So antworten Sie doch! Habe ich den Nagel auf den Kopf getroffen? Na, so nehmen Sie einmal die Schürze von den Augen, sonst thue ich's! (Zieht an der Schürze und reißt sie ihr endlich ab.)

Hannchen. Lassen Sie mich! Bedenken Sie, es ist mein Mann! Ich darf so etwas nicht hören. Ach, ich unglückliche Frau! (Weint.)

Doppelmeier (reibt sich die Hände, für sich). So muß man trösten! (Laut.) Liebes Hannchen, (legt ihr leise den Arm um den Leib) wenn Sie so weinen, werden die hübschen Augen roth! Ah bah! Hören Sie auf! Wenn

Sie einen alten, garstigen Mann haben, müssen Sie sich nach einem hübschen, jungen Freunde umsehen.

Hannchen (nimmt die Schürze von den Augen, sieht ihn zärtlich an und schüttelt langsam mit dem Kopfe).

Doppelmeier. Das ist der Welt Lauf. Ich kann mir denken, Sie sind zu der Heirath gezwungen worden, suchen Sie Trost bei einem andern braven Manne, bei mir sollen Sie ihn gleich finden. (Drückt sie an sich.)

Hannchen (duldet die Umarmung einen Augenblick, dann reißt sie sich los). Um Gott, was thun Sie mit mir! Meine Pflicht! Ach, mein liebster Herr Doppelmeier, lassen Sie mich — um meiner Ruhe willen beschwöre ich Sie, sagen Sie mir nie wieder solche Worte, ich darf sie nicht hören! Bedenken Sie, daß ich ein armes, schwaches Weib bin — meine Pflicht — ach, ich kann nicht mehr sagen — sehen Sie mich nicht wieder allein, ich bitte, ich beschwöre Sie! (Ab.)

Doppelmeier (nachrufend). Hannchen, Hannchen! Da läuft sie hin! Sapperment, die hat mir warm gemacht. (Streicht sich am Kinn.) Doppelmeierchen, Doppelmeierchen, das giebt einen Hauptwitz! Ich bin doch ein verfluchter Kerl! Auf dem Dorfe konnte mir keine widerstehen — ich mag gar nicht zusammen zählen — und kaum bin ich in der Stadt, verliebt sich ein so allerliebstes Weibchen in mich. Wo mir's nur sitzen mag; daß sie verliebt ist, ist klar. „Um meiner Ruhe willen, ich bitte, ich beschwöre Sie." Oho, kleiner Schelm, das kennen wir! Dir soll geholfen werden. Doppelmeier ist nicht der Kerl, ein hübsches Weibchen verschmachten zu lassen. Solch einem alten Ehemanne eine Nase zu drehen, ist nebenbei auch noch ein Witz. Warum nimmt so ein alter Kerl ein junges Weib! „Um meiner Ruhe willen beschwöre ich Sie —" (reibt sich in die Hände) ach Du allerliebstes Engelchen, ich kann Dir nicht helfen, ich muß Dir noch mehr Unruhe machen, aber eine süße, süße Unruhe — Du sollst mir's danken.

Fünfter Auftritt.

Doppelmeier. Klaus. Fritz.

Klaus. Treten Sie herein!

Doppelmeier. Was giebt's? Ach Du bist es,

Vetter, und der Herr Criminal=Commissarius! Was verschafft mir denn die Ehre?

Klaus (halblaut). Vetter, Vetter, was hast Du gemacht!

Fritz. Still! Nach §. 3333. darf Niemand mit dem Inquisiten reden.

Doppelmeier. Inquisiten? Na, sein Sie so gut. Das soll doch nicht auf mich gehen?

Klaus. Ich kann es mir nicht denken, Herr Criminal=Commissarius; ich nehme mich meines Vetters an; er ist fremd hier und gewiß unschuldig.

Fritz. Nach §. 1. der Polizeiordnung ist jeder Mensch ein Spitzbube, bis er sich als ehrlicher Mann legitimirt hat.

Klaus. Nun, ich legitimire meinen Vetter, ich bürge für ihn.

Fritz. Still! Nach §. 6666. ist in diesem Falle keine Bürgschaft zulässig. (Setzt sich, stellt einen Dintenstecher auf den Tisch und legt ein Aktenheft vor sich hin.)

Doppelmeier. Ich verstehe von Allem kein Wort.

Fritz. Wie heißen Sie?

Doppelmeier. Na, Sie kennen mich ja von gestern, Herr Criminal=Commissarius.

Fritz. Nach §. 2. kennt die Criminalpolizei keinen Menschen, bis er eingestanden hat, derjenige zu sein, welcher!

Doppelmeier. Na, ich gestehe es ein.

Fritz. Sie sind also?

Doppelmeier. Gottlieb Doppelmeier, Müller und Gutsbesitzer in Gernsdorf, zehn Meilen von hier.

Fritz (immer schreibend). Gestern hier angekommen?

Doppelmeier. Was?

Klaus. Ob Du gestern hier angekommen bist?

Doppelmeier. Na, ihr waret ja dabei.

Fritz. Antworten Sie ohne Umschweife! Gestern hier angekommen?

Doppelmeier. Ja.

Fritz. Wie alt?

Doppelmeier. 28 Jahre.

Fritz. Schon bestraft?

Doppelmeier (lachend). Je nun!

Klaus. Wie, Vetter? Wäre es möglich?

Doppelmeier. Na, unser Schulmeister führte einen guten Haselstock.

Fritz. Davon ist nicht die Rede. Schon gerichtlich bestraft?

Doppelmeier. Ei, wer wird denn das Jedem auf die Nase binden?

Fritz. Inquisit vergesse nicht, daß ein Criminal-Commissarius nicht Jeder ist, sondern im Namen des Staates hier steht. Man antworte bescheiden!

Klaus. Vetter, sage die Wahrheit, sie kommen doch hinter Alles.

Fritz. Also — schon bestraft?

Doppelmeier. Na, ich hatte einmal ein Reh geschossen, und mein Nachbar war so boshaft, zu behaupten, es wäre auf seinem Revier geschehen.

Fritz. Also wegen Wilddieberei — §. 333. Ist das Alles?

Doppelmeier. Hm, ein Knecht von mir hatte sich einmal den Kopf blutig gefallen; das Gericht behauptete, ich hätte ihn geschlagen.

Fritz. Mißhandlung, § 222. Ist das Alles?

Doppelmeier. Es fällt mir eben nicht mehr ein.

Fritz. Wo war Inculpat gestern?

Doppelmeier. Das weiß ich nicht.

Fritz. Wie?

Doppelmeier. Ja, wie soll ich wissen, wer der Culpat ist und wo er gestern war.

Klaus. Aber Vetter, Du bist ja selbst der Inculpat, der Angeschuldigte.

Doppelmeier. Was? Wie? Wer schuldigt mich an?

Klaus. Du wirst es gleich hören.

Fritz. Also, wo war Inquisit gestern?

Doppelmeier. Das ist ja wieder ein Anderer.

Klaus. Das bist Du ja auch, Vetter, Inquisit, der in Untersuchung Befindliche.

Doppelmeier. Donnerwetter, ich bin Gottlieb Doppelmeier, ich brauche euren griechischen Spitznamen nicht.

Fritz. Wo war man gestern?

Doppelmeier. Als wie ich?

Fritz. Ja.

Doppelmeier. In der Komödie.

Fritz. Was hat man da bezahlt?

Doppelmeier. Einen Thaler.

Fritz. Kennt man diesen Thaler?

Doppelmeier (für sich). Alle Wetter, das ist mein falscher, nun haben sie mich. Da gilt es läugnen. (Laut.) Das ist ein Thaler.

Fritz. Der Thaler ist falsch.

Doppelmeier. So? Na, was kann ich denn dafür?

Fritz. Sie haben den Thaler an der Kasse ausgegeben.

Doppelmeier. Denke nicht d'ran, ich habe kein falsches Geld.

Fritz (schreibt). Inquisit läugnet.

Doppelmeier (für sich). Mir wird's ganz schwül.

Fritz. Wo war man heute Morgen?

Doppelmeier. Auf der Lotteriekasse.

Fritz. Weiter.

Doppelmeier. Ich wüßte weiter nicht.

Fritz. Nicht auch im Holländischen Kaffeehause?

Doppelmeier. Nein, ich hatte schon zu Hause Kaffee getrunken.

Fritz (steht auf, mit blitzenden Augen). Aber ich selbst habe Sie da gesehen!

Doppelmeier (erschrocken). Da werde ich wohl auch da gewesen sein. (Für sich.) Wo Der überall herumstreift!

Fritz. Was hat man da bezahlt?

Doppelmeier. Sündliches Geld, geprellt haben sie mich; für eine Portion Schinken —

Fritz. Gehört nicht hierher. Kennt man dies Zehngroschenstück?

Doppelmeier. Ne!

Fritz. Es ist falsch.

Doppelmeier. So?

Fritz. Ja.

Doppelmeier. Giebt's hier so viel falsch Geld? Da muß man sich in Acht nehmen.

Fritz. Keine Seitensprünge, Sie haben es im Kaffeehause ausgegeben.

Doppelmeier. I, wo werde ich denn das thun?

Fritz. Inquisit läugnet.

Klaus. Aber Herr Criminal-Commissar, wie können Sie glauben, daß mein Vetter falsches Geld ausgiebt, ein so reicher, so braver, so ehrlicher und frommer Mann?

Fritz. Schweigen Sie! Ich war überall, im Theater, im Kaffeehause.

Doppelmeier (für sich). Ich möchte wohl wissen, wo der Kerl einmal nicht ist.

Fritz. Ich habe ihn gewissermaßen auf frischer That ertappt. Auf 2 Uhr sind die Zeugen geladen, da wird es sich herausstellen. Vor der Hand will ich hier Haussuchung halten.

Doppelmeier (für sich). Ei, so schlage der Donner d'rein!

Fritz. Herr Doppelmeier, liefern Sie Ihre Schlüssel aus!

Doppelmeier. Ich werde doch nicht so dumm sein!

Fritz. Was?

Doppelmeier. In meinen Sachen hat Niemand etwas zu suchen.

Fritz. Bei so dringendem Verdachte verordnet §. 22. eine sogleich vorzunehmende Haussuchung.

Doppelmeier. Ich leid's aber nicht.

Klaus. Vetter, Du kannst nicht gegen das Gesetz.

Doppelmeier. Ich lasse aber nicht in meinen Sachen herumkramen.

Fritz. Nicht?

Doppelmeier. Nein!

Fritz. Gewiß nicht?

Doppelmeier. Nein.

Fritz. So werde ich einen Schlosser holen lassen.

Klaus (leise). Um Gottes willen, er hat die Gensdarmen draußen. (Laut.) Herr Criminalcommissarius, einen Augenblick. Vetter, willst Du denn die Sache an die große Glocke hängen? Willst Du am Tage durch die Straßen geführt werden? Gieb die Schlüssel.

Doppelmeier (für sich). Was soll ich machen? Vielleicht findet er nichts. (Giebt die Schlüssel.)

Fritz (öffnet den Secretair und sucht.)

Klaus (leise). Vetter, hast Du wirklich falsches Geld ausgegeben?

Doppelmeier (leise) Gott bewahre!

Klaus. Das ist Dein Glück! Denn wenn Du diesem Criminal-Commissarius in die Hände fielest, wärest Du verloren, er ist unerbittlich und kennt keine Schonung.

Doppelmeier. Mache mir nicht Angst.

Klaus. Du bist ja unschuldig, also sei ruhig, der Herr verläßt die Seinen nicht.

Fritz (mit dem Sacke Geld, den er öffnet). Oho, da haben wir ja den vollständigen Beweis! Ein ganzer Sack mit falschem Geld!

Klaus. Wäre es möglich!

Doppelmeier (für sich). Da sitze ich schön in der Dinte.

Fritz (läßt die Geldstücke auf den Tisch fallen). Falsch, falsch! Blei! Zinn! Falsch! Falsch!

Klaus. Aber, Vetter, ist es denn denkbar?

Doppelmeier. Ich weiß nichts von dem Sacke.

Fritz. So? Steht da nicht mit großen Buchstaben auf dem Sacke G. D., Gottlieb Doppelmeier? Hier hilft kein Läugnen mehr. So vollständig überführt bekommen wir selten einen Spitzbuben.

Doppelmeier. Vetter, um Gottes willen hilf mir!

Klaus (hält Fritz zurück, der gehen will). Was wollen Sie thun?

Fritz. Den Verbrecher schließen und in das Gefängniß führen lassen.

Doppelmeier (in Todesangst). Schließen! Ach, du gerechter Gott, Vetter hilf mir!

Klaus. Und was soll denn geschehen?

Fritz. Welche Frage! Dann kommt die Untersuchung, Verhöre, Protokolle, Zeugenaussagen, Confrontationen, Anklage, Urtheil, Appellation, Verwerfung, Abführung, Strafe!

Doppelmeier (zuckt bei jedem Worte mit leisem Schrei zusammen).

Klaus. Und die Strafe?

Fritz. Wegen Verbreitung falschen Geldes, §. 777., fünf Jahre Zuchthaus.

Doppelmeier (fällt auf einen Stuhl). Vetter, lieber Vetter, hilf mir!

Fritz. Wird auf Falschmünzerei erkannt, §. 888., fünfzehn Jahre Zuchthaus.

Doppelmeier (springt auf). Wollt Ihr mich nicht lieber hängen?

Fritz (kalt). Nein, wir sperren Sie nur ein, hängen können Sie sich da selber.

Doppelmeier. Vetter, lieber Vetter, hilf mir!

Klaus. Herr Criminal-Commissarius, können Sie nicht milder verfahren?

Fritz. Herr, was muthen Sie mir zu? Ich thue als Beamter meine Pflicht!

Klaus. Und ich die meinige als Geistlicher. Der Herr will nicht den Tod des Sünders, sondern, daß er lebe und sich bessere.

Doppelmeier. Ach ja, ich will mich bessern.

Fritz. Das können Sie im Zuchthause, da ist Zeit genug dazu.

Klaus. Mein Vetter hat nicht aus Bosheit gefehlt, sondern nur aus Dummheit.

Doppelmeier. Aus reiner Dummheit.

Klaus. Sie glauben gar nicht, wie dumm mein Vetter ist; wenn ich ihn nicht zu beleidigen fürchtete —

Doppelmeier. Ach nein, Du beleidigst mich gar nicht.

Klaus. So würde ich sagen: er sei ein seltnes Beispiel der höheren Dummheit.

Doppelmeier. So ist's, Herr Criminal-Commissarius!

Klaus. Aufgewachsen unter seinen Ochsen, Kälbern, Schöpsen, Eseln, ist er förmlich ihres Gleichen geworden.

Doppelmeier. Reiner Esel.

Klaus. Er kennt nicht die Gesetze.

Doppelmeier. Nichts weiß ich.

Klaus. Hat vielleicht das Geld nicht als falsch erkannt.

Doppelmeier. Gewiß nicht.

Klaus. Oder ist selbst damit betrogen worden.

Doppelmeier. Allerdings.

Klaus. Und hat geglaubt, kein Unrecht zu thun, wenn er es wieder an den Mann brächte.

Doppelmeier. Habe ich auch geglaubt.

Klaus. Lassen Sie Gnade für Recht ergehen!

Doppelmeier. Gnade, ja Gnade!

Fritz. Wie kann ich gegen meine Pflicht?

Klaus. Bedenken Sie, wenn dieser junge Mensch 5 Jahre —

Doppelmeier. Ach!

Klaus. Oder gar fünfzehn Jahre auf's Zuchthaus müßte —

Doppelmeier. Ich halt's nicht aus!

Klaus. Er wäre verloren für Zeit seines Lebens!

Fritz. Hören Sie auf, Sie rühren mich!

Doppelmeier. Nein, höre nicht auf, rühre ihn weiter!

Klaus. Noch liegt die Sache in Ihrer Hand, noch haben Sie keine Anzeige gemacht, noch können Sie sie unterdrücken!

Doppelmeier. Unterdrücken Sie!

Fritz. Wie darf ich einen Verbrecher dem Arm der strafenden Gerechtigkeit entziehen?

Klaus. Das sollen Sie auch nicht, er wird sich vielleicht einer Geldstrafe unterziehen.

Doppelmeier. Ach ja, es kommt mir auf ein paar Thaler nicht an.

Fritz. Gut, Herr Candidat, um Ihretwillen will ich thun, was ich kann.

Doppelmeier. Gott sei Dank!

Fritz. §. 9999. setzt neben dem Zuchthaus noch eine Geldstrafe vom hundertfachen Betrag der gefälschten Summe fest. Die mag der Verbrecher bezahlen, so soll er dieses Mal so durchkommen. Ich hoffe, es wird ihm zur Warnung gereichen.

Klaus. Ach, Vetter, küsse dem Herrn Criminal-Commissarius die Hand.

Doppelmeier (verblüfft). Den hundertfachen Betrag?

Fritz. Ich habe vorhin die Summe überzählt. Das sind 60 Thaler falsches Geld, also macht die Strafe 6000 Thaler.

Doppelmeier. Was, 6000 Thaler? 6000 Thaler soll ich bezahlen? Eher beiße ich mir den Finger ab.

Fritz. Was? Sie wollen keine Gnade? So habe das Recht seinen Lauf. Gensdarmen!

Klaus (hält Fritz). Herr Criminal-Commissarius, ich bitte. Aber Vetter!

Doppelmeier. Ne, dumm bin ich, aber doch nicht so dumm, 6000 Thaler zu bezahlen.

Fritz. Sie hören es! Gensdarmen!

Klaus. Aber, Vetter, das Zuchthaus!

Doppelmeier. Ach, das Zuchthaus!

Klaus. Was nützt Dir der Mammon im Zuchthaus?

Fritz. Bei Wasser und Brod!

Klaus. Auf der harten Pritsche!

Fritz. Beim Wollspinnen!

Klaus. In der Armensünderjacke!

Fritz. Mit einer Kette am Fuße!

Doppelmeier (fährt bei jedem Worte mit einem kläglichen Schrei zusammen).

Klaus. Und mittlerweile geht Dir Haus und Hof zu Grunde!

Doppelmeier (kläglich). Sie setzen mir das Messer an die Kehle.

Fritz. Er will nicht! Also vorwärts! Gensdarmen.

Doppelmeier (schreit). Ich will ja! Wie sollte ich nicht wollen, ich muß ja, Ihr schraubt mir die Thaler förmlich aus der Seele.

Fritz. So zahlen Sie!

Doppelmeier (giebt aus dem Secretair ein Packet). Ach Gott, das ist der sauerste Apfel, in den ich in meinem Leben gebissen habe. Da sind 6000 Thaler. Genau abgezählt! Wie das paßt, es ist förmlich wunderbar.

Fritz. Darauf steht der Name Anton Willich, was bedeutet das?

Doppelmeier (verlegen). Es ist eine Einzahlung von einem Manne dieses Namens. Ach, mein schönes Geld.

Klaus. Tröste Dich, Vetter, dieses Strafgeld bekommt das Waisenhaus; Du thust noch ein gutes Werk.

Doppelmeier. Was hilft mir das? Mich nehmen Sie doch nicht auf.

Fritz. Ich werde Ihnen morgen eine gerichtliche Quittung über das Strafgeld bringen. Aber schweigen Sie über die Sache, sonst kann ich Sie nicht schützen und muß es doch zur Anzeige bringen. Und hüten Sie sich, mir ein zweites Mal in die Hände zu fallen. (Ab.)

Klaus. Falle auf die Kniee, Vetter, und danke Gott, daß er das Herz dieses unerbittlichen Mannes gerührt hat.

Doppelmeier. Für 6000 Thaler Verlust soll ich mich auch noch bedanken?

Klaus. Vetter, Vetter, ich will nicht hoffen, daß Du ein verstockter Sünder bist. Der Herr erleuchte Dich, daß Du in Dich gehest, und bereuest, auf daß Du nicht Schaden leidest an Deiner unsterblichen Seele. (Ab.)

Doppelmeier. Was scheere ich mich um meine Seele, wenn ich an meinem Geldbeutel Schaden leiden muß! O, meine 6000 Thaler! Gebt mir meine 6000 Thaler wieder! Habe ich darum den alten Willich um das Geld geprellt, daß ich nun hungrige Waisenkinder damit füttern soll? Ich möchte mich aufhängen. Das schöne Geld! Dieser Criminal-Commissarius mit den verfluchten Paragraphen, die er alle auswendig kann, ist der leibhaftige Gottseibeiuns, denn er sitzt Einem überall auf den Fersen. Hol' ihn der Teufel! Und dieser fromme Vetter, der mich mit Ochsen und Eseln vergleicht — ach Gott nein, auf den will ich nicht schimpfen, er hat mir eigentlich aus der Noth geholfen. Daß weiß ich aber, hier in der Stadt begehe ich keine Schelmerei mehr, auf dem Dorfe kann man dem Gerichte eher ein Schnippchen schlagen! Meine schönen 6000 Thaler! Ich könnte mir die Haare einzeln ausreißen. Meine 6000 Thaler! Meine schönen 6000 Thaler!

Fünftes Bild.

Der Fuchs wird gestellt.

Personen.

Klaus.
Doppelmeier.
Hannchen.
Wackerbart.
Fritz.
Fräulein Raubesand.

(Das nämliche Zimmer.)

Erster Auftritt.

Klaus. Hannchen.

Klaus. Wie weit bist Du, Hannchen?

Hannchen. Ich habe ihn am Fädchen. Er brennt lichterloh!

Klaus. Können wir die Sache heute zu Ende bringen?

Hannchen. Wenn Sie wollen. Er gleicht einer gefüllten Pulvermine. Ein Blitz von meinen Augen, und er fliegt in die Luft.

Klaus. Die Scene von heute Morgen, wo er die 6000 Thaler hergeben mußte, war köstlich. Das Geld hat Leopold Willich, der Geliebte Deines ehemaligen Fräuleins, zurückerhalten. Wie wir es bekommen haben, habe ich ihm nicht genau gesagt. Er glaubt so etwa, das Gewissen habe Doppelmeier gerührt. Er braucht auch nicht mehr zu wissen, denn er ist zu gewissenhaft zu unserer Schelmerei.

Hannchen. Als wenn es Schelmerei wäre, diesem Ungeheuer seinen Raub wieder abzujagen.

Klaus. Pah, der Zweck ist gut, aber die Mittel sind Schelmerei. Gleichviel, wir haben keine andern. Jetzt höre. Der alten Jungfer Raubesand, Deiner vormaligen Herrin habe ich gestern schon und auch heute einen anonymen Brief gesandt, in denen ich den Doppelmeier gehörig schlecht gemacht. Bei einer alten Jungfer ist leicht Mißtrauen geweckt.

Hannchen. Namentlich bei dieser.

Klaus. Ich habe ihr die Adresse seiner Wohnung angegeben; sicher wird sie hierher kommen, um sich bei seinem Wirthe, Deinem falschen Manne, zu erkundigen.

Hannchen. Das thäte sie schon aus Neugier.

Klaus. Ich bin ja den ganzen Tag auf meinem Zimmer und werde sie empfangen.

Hannchen. Gut.

Klaus. Zuletzt ist heute Abend großer Maskenball im Casino. Ich habe ihm eine Einladung geschickt, als käme sie vom Banquier Schildblau, so daß er glauben muß, Der gäbe den Ball. Sicher geht er hin, wenn er hoffen kann, sich umsonst voll zu trinken. Dort spielst Du Deine letzte Scene, wie ich Dir schon angegeben, als Frau Baronin.

Hannchen. Sorgen Sie nicht.

Klaus. Jetzt aber mußt Du ihn als Hannchen in's Garn locken.

Quodlibet.

Hannchen.	Ha, wie will ich triumphiren,
	Wenn wir ihn zum Balle führen
	Und den Beutel schnüren auf, schnüren auf!
Klaus.	Schweig', schweig', damit ihn Niemand warnt.
	Der Schlauheit Netz hat ihn umgarnt, :,:
	Umgebt ihn mit Ränken und Klugheit und List!
Hannchen.	Ich will seufzen,
	Ich will schmachten,
	Ich kann äugeln,
	Ich kann streicheln!
Klaus.	Nur stille, hab' Acht! :,:
Hannchen.	Erst schlägt man das Aug' auf's Mieder,
	Nach verschämter Mädchen Art;
	Doch verstohlen hebt man's wieder —
Klaus.	Und er sagt: Reich' mir die Hand, mein Leben,
	Komm' in mein Schloß mit mir.
Hannchen.	Ich muß fort, ich muß fort,
	Denn man erwartet mich.
Klaus.	Bleibe doch, bleibe doch,
	Bleibe, ich bitte Dich.
Hannchen.	Nun wohl, was habt Ihr mir zu sagen?
Klaus.	Einen Kuß von diesem Munde,
	Meine Seele gäb' ich hin.
Hannchen	Nein, nein, ich darf's nicht wagen,
	Mein Herz warnt mich davor!

Klaus. Alles fühlt der Liebe Freuden,
Schnäbelt, tändelt, herzt und küßt!
Und Du willst die Liebe meiden?
Hannchen. Ich beschwöre Sie mit Thränen.
Klaus. Reizend selbst auch noch in Thränen. :,:
Hannchen. Wer kann da widerstehen,
Ich will dann mit Dir gehen.
(Klopfen.)
Klaus. Hört Ihr das Klopfen?
Hannchen. Wer mag es sein?
Beide. Die Wache, die Wache!
Laßt uns hinein.
Klaus. Vortrefflich, so geht es. Es klopft wirklich. Herein!

Zweiter Auftritt.

Vorige. Fräulein Raubesand.

Raubesand. Wohnt hier der Gutsbesitzer Doppelmeier?

Hannchen. Zu dienen, mein Fräulein.

Raubesand. Was seh' ich, Hannchen? Was machst Du hier?

Hannchen. Ich bin die Wirthin. Heute Morgen habe ich mich mit Herrn Wackerbart verheirathet, Herr Doppelmeier wohnt bei uns.

Raubesand. Das ist ja schnell gegangen mit der Heirath.

Hannchen. Besser als gar zu langsam, daß am Ende gar nichts wird, wie bei anderen Leuten.

Raubesand. Ich wünschte Herrn Wackerbart zu sprechen.

Hannchen. Mein Mann ist nicht zu Hause. Wenn Sie aber wegen des Herrn Doppelmeier kommen, da ist sein Vetter. Dienerin. (Ab.)

Klaus. Ich bedaure, daß Sie meinen Vetter nicht zu Hause finden, ich erwarte ihn selbst.

Raubesand. Mit wem habe ich denn die Ehre?

Klaus. Ich bin der Candidat Hobelmann. Und darf ich fragen, wer vor mir steht?

Raubesand. Ich bin Erdmuthe Raubesand.

Klaus. (immer sehr aufgetragen). Gesegnet sei die

Stunde, wo mir das Glück zu Theil wird, das Antlitz Derjenigen zu erblicken, die als keusche Jungfrau den Gläubigen im Herrn ein Muster der Frömmigkeit vorleuchtet.

Raubesand. Ach, Herr Candidat, wie kann ich solche Worte vernehmen? Demuth vor dem Herrn ist der erste Schmuck einer guten Christin.

Klaus. Und wer besitzt diesen Schmuck in höherem Grade als Sie?

Raubesand. Sie machen mich erröthen. Doch ich erkenne den Wink des Himmels, der mir gerade Sie entgegenschickt.

Klaus. Ach, der Himmel winkt in einem fort, wir verstehen ihn nur nicht immer. Kann ich Ihnen in Etwas dienen?

Raubesand. Ja, würdiger Herr Candidat, Sie sind fromm — ein seltenes Beispiel in dieser verderbten Zeit — Sie werden Wahrheit für mich haben.

Klaus. Wahrheit ist der Born des Lebens, und nach ihr strebt der gläubige Christ. Sprechen Sie.

Raubesand (sitzend). Ihr Vetter ist mein Pathe, und ich habe ihm die Hand meiner Nichte bestimmt.

Klaus. Zu einem christlichen Ehebunde, ich verstehe.

Raubesand. Jetzt kommt nun Herr Doppelmeier, um seine Braut heimzuführen.

Klaus. Der Herr segne sein christliches Vorhaben!

Raubesand. Ja — da erhalte ich denn Briefe, die mich bedenklich machen.

Klaus. Ei, ei!

Raubesand. Sie sind ohne Unterschrift.

Klaus. Der Himmel bedient sich oft dunkler Wege, um seine Absichten zu erreichen.

Raubesand. Das habe ich auch gedacht. In diesen Briefen wird Ihr Vetter beschuldigt: er sei nicht christlich fromm.

Klaus. Ei!

Raubesand. Er liebe das Trinken!

Klaus. Ei, ei!

Raubesand. Er habe auch — ach, ich kann es nicht sagen.

Klaus. Was hindert Sie?

Raubesand. Die Scham versagt mir die Worte.

Klaus. Ich ehre diese jungfräuliche Regung — verhüllen Sie Ihr Gesicht mit dem Taschentuche und reden Sie dann.

Raubesand. Er habe lästerlichen Umgang mit —

Klaus. Mit?

Raubesand. Mit anderen Frauenzimmern.

Klaus. Entsetzlich! Ich wage die Augen nicht aufzuschlagen, um die jungfräuliche Röthe der Scham nicht zu sehen, die auf Ihren keuschen Wangen brennen muß.

Raubesand. Jetzt steht noch in dem Briefe: hier bei seinem Wirthe könnte ich die beste Auskunft erhalten. Ich komme hierher und der Himmel sendet Sie mir entgegen.

Klaus. Ach ja, der Himmel hat nichts zu thun, als immer seine Frommen zu senden. Ja, verehrte Schwester im Herrn, was soll ich Ihnen sagen?

Raubesand. Geben Sie mir Auskunft über Ihren Vetter!

Klaus. Das kann ich nicht. Ich habe ihn gestern zum ersten Male gesehen, als er in die Stadt kam. Wir sind nur weitläufig verwandt.

Raubesand. Aber Sie haben ihn doch gesprochen, was halten Sie von ihm?

Klaus. Wie könnte ich in so kurzer Zeit der Bekanntschaft ein Urtheil über ihn fällen? Zwar fürchte ich, daß die Frömmigkeit bei ihm noch nicht zum Durchbruch gekommen ist.

Raubesand. Sehen Sie!

Klaus. Allein wer ohne Sünde ist, hebe den ersten Stein auf, sagt die Schrift.

Raubesand. Ich bin da in großer Verlegenheit.

Klaus. Sicher hat er Sie doch besucht?

Raubesand. Diesen Nachmittag, vor einer Stunde erst. —

Klaus. Ihr scharfer Blick wird doch gleich gesehen haben —

Raubesand. Ach, die Männer sind so schwer zu beurtheilen, sie verstellen sich so entsetzlich.

Klaus. Ja wohl, die Zeiten sind sündhaft.

Raubesand. Es giebt Ausnahmen, und wenn man einen Mann wie Sie sieht, sollte man nicht glauben —

Klaus. Bitte, die Bescheidenheit erlaubt mir nicht, Sie weiter anzuhören.

Raubesand. Rathen Sie mir, helfen Sie mir. Ist Ihr Vetter wirklich ein böses Weltkind, so kann ich ihm meine Nichte, meine Pflegetochter doch nicht geben.

Klaus. Hm, wenn die Kinder der Welt auf finstern Wegen gehen, so bleibt den Frommen im Herrn nichts übrig, als ihnen auf diesen Wegen nachzuspüren.

Raubesand. Was meinen Sie damit?

Klaus. Sie müssen sich Gewißheit über Herrn Doppelmeier verschaffen.

Raubesand. Aber wie?

Klaus. Lassen Sie einmal — ja, das ist eine Eingebung des Himmels. Ich vermuthe, daß mein Vetter heute Abend den Maskenball besuchen wird.

Raubesand. Den Maskenball? Wehe, wehe! Ist das nicht schon genug, um ihn zu verdammen.

Klaus. Wir dürfen nicht so streng sein. Richtet nicht, so werdet ihr nicht gerichtet. Nehmen Sie einen Domino und gehen selbst auf den Maskenball, da können Sie ihn am Besten beobachten.

Raubesand. Ich? Wo denken Sie hin! Nie habe ich einen so sündhaften Ort besucht.

Klaus. Sie thun es zu frommem Zwecke, um des Seelenheiles Ihrer Nichte willen. Bringen Sie das Fräulein mit, damit sie das Treiben des Lasters sieht und einen frommen Abscheu davor empfindet.

Raubesand. Ich wage es nicht.

Klaus. Sie haben sich an mich gewandt, und so ist es meine Pflicht, Ihnen zu helfen. Wohlan, ich will selbst hingehen, will Ihnen zur Seite stehen, will Ihnen Billets und Masken besorgen, will Sie erwarten und hinaufführen.

Raubesand. Wenn Sie meinen: es werde mir nicht zur Sünde angerechnet werden?

Klaus. Der Zweck heiligt die Mittel.

Raubesand. Wenn ein so frommer Mann das sagt, muß ich mich wohl beruhigen.

Klaus. So seien Sie Punkt 9 Uhr im Ballsaal, ich werde Sie erwarten. Still, ich höre meinen Vetter!

Raubesand. Wenn er mich hier fände!

Klaus. Das ist wieder ein Wink des Himmels. Treten Sie in diesen leeren Schrank, so können Sie ihn belauschen und vielleicht volle Ueberzeugung gewinnen. Er bleibt nicht lange zu Hause und Sie mögen dann unbemerkt entschlüpfen.

Raubesand. Aber Horchen, ist das schicklich?

Klaus. Thun Sie es nicht zu frommem Zwecke, um des Heils Ihrer Nichte willen?

Raubesand. Ach Herr Candidat, Sie hat mir der Himmel gesendet. (Geht in den Schrank.)

Klaus (für sich). So eine arme alte Jungfer zu foppen ist eigentlich kein Kunststück, ich sollte mich schämen. Aber Leopold muß sein Mädchen bekommen, und da giebt es kein anderes Mittel. Wenn ich nur wüßte, wo ich alle die frommen Redensarten her habe — ich bin am Ende in der Schule doch nicht so nichtsnutzig gewesen, wie meine Lehrer immer behaupten wollten!

Dritter Auftritt.

Klaus. Doppelmeier.

Doppelmeier. Sieh, da Vetter!

Klaus. Ich erwartete Dich. Kann ich Dir in etwas dienen?

Doppelmeier. Schaff' mir meine 6000 Thaler wieder.

Klaus. Wie, hast Du Dich noch nicht getröstet? Ei, der Mensch soll sein Herz nicht an zeitliche Güter hängen.

Doppelmeier. Das kannst Du halten, wie Du willst, mich aber werden diese 6000 Thaler noch auf dem Todbette ärgern.

Klaus. So laß mich Dich trösten, denn ich treffe Dich in Angst und Trübsal.

Doppelmeier. Warum nicht gar. Ein ordentlicher Bauer, wie ich, frißt seinen Aerger hinunter — und kommt er einmal wieder, so kaut er etwas daran.

Klaus. Also reiner Wiederkäuer!

Doppelmeier. Aber außerdem thut er, was er zu thun hat, und genießt, was ihm geboten wird.

Klaus. Löbliche Grundsätze! Hast Du einen Besuch bei Deiner Braut gemacht?

Doppelmeier. Ja, ich bin da gewesen. Höre, Vetter, wenn ich nicht die 15,000 Thaler ansähe, die sie einmal erben soll —

Klaus. Vetter, Vetter, welch' weltliche Gesinnungen!

Doppelmeier. Ach, bleib mir mit Deinen frommen Redensarten vom Leibe, und geh' damit zu der alten Jungfer Raubesand, Ihr müßtet gut zusammenpassen.

Klaus. Das glaube ich auch; der Ruf nennt sie eine gottesfürchtige Jungfrau.

Doppelmeier. Mir ist sie vorgekommen wie ein alter Drache, häßlich, mürrisch und von einer niederträchtigen Frömmigkeit.

Klaus. Vetter, was für Worte?

Doppelmeier. Na, nimm es nicht übel, Du bist ja auch ein Schwarzrock, und bei Euch gehören die frommen Redensarten einmal zum Handwerke!

Klaus. Aber Deine Braut?

Doppelmeier. Ist eigentlich nichts für mich. Sie schlägt die Augen nieder, lispelt, seufzt; ein Paar Händchen hat sie, ich glaube, sie kann keinen Schinken aufheben. Ich fürchte, wenn ich Die einmal herzhaft umarme, bricht sie aus einander. Wenn ich an meine Mägde auf dem Lande denke — (lacht laut) — die können einen Puff vertragen.

Klaus. O Du sündhafter Mensch!

Doppelmeier. Na predige nur nicht. Ich bin nicht sonderlich fromm, das ist wahr, aber desto besser für Dich. Wenn alle Welt fromm wäre, brauchten wir keine Schwarzröcke. Also jammere nicht.

Klaus (für sich). Das war nicht so dumm! Vetter, thue, was Du willst, ich habe keine Verantwortung. (Will gehen.)

Doppelmeier. Höre, noch eins! Da habe ich eine Einladung zu einem Maskenball bekommen von dem Banquier Schildblau.

Klaus. Ich konnte mir 's denken; der Herr macht es immer so. Wer mit ihm in Geschäftsverbindung steht oder treten will, den ladet er ein. Du wirst doch nicht hingehen?

Doppelmeier. Warum denn nicht?

Klaus. Bei diesen Festen legt Satan seine Schlingen. Verführerische Musik, schöne Frauen in reizendem Putz, wilder Tanz, die herrlichsten Speisen in Hülle und Fülle, die schönsten Weine strömen verschwenderisch — wahre Deine Seele, Vetter, geh' nicht an diesen Ort!

Doppelmeier. Ei was, ich fürchte mich nicht so vor dem Teufel, wie Du. Geh' mit.

Klaus. Ich?

Doppelmeier. Weißt Du, ich bin nie dagewesen, ich weiß nicht recht, wie man sich benimmt, Du kannst es mir ein bischen sagen. Du kannst auch auf meine arme Seele Acht geben, daß sie nicht — Du weißt schon von wem — geholt wird.

Klaus. Gut, Vetter, ich bin Dir diesen Beweis christlicher Nächstenliebe schuldig, ich werde Dich begleiten. Aber hüte Dich vor dem Spiel.

Doppelmeier (mit gierigen Augen). Gespielt wird auch?

Klaus. Leider, leider. Graf Eberstein hat auf dem letzten Balle 20,000 Thaler gewonnen, der Aermste.

Doppelmeier. Gewonnen? Und darum nennst Du ihn arm?

Klaus. Und Du fragst? Ist Spielgewinn nicht ein Sündengeld? Eine Falle, die der böse Feind einem christlichen Gemüthe legt?

Doppelmeier. Gut, Vetter, ich will nicht spielen.

Klaus. So scheide ich mit beruhigtem Herzen. Lebe wohl. (Ab.)

Doppelmeier. Der ist auch zu dumm; er glaubt Alles, was man ihm sagt. Nicht spielen soll ich? Sapperment, wenn man 20,000 Thaler gewinnen kann? Ich habe immer Glück im Spiel! Das wollen wir einmal probiren! Da kann ich vielleicht meinem Schaden wieder beikommen. Aber hoch muß da gespielt werden — und da muß ich viel Geld mitnehmen. Wer nicht wagt, gewinnt nicht — und ich kann es mir ja einmal ansehen. Sagte mir doch der alte Spieler, das Geheimniß zu gewinnen bestehe darin, daß man immer doublire, immer um das Doppelte spiele — dann müsse man zuletzt Sieger bleiben. Aber ich vergesse eins über das andere. Begegnete mir an der Hausthüre nicht der alte Wackerbart, der ausging? Die Frau ist also allein, das ist die schönste Gelegenheit. (Klopft an die Seitenthür).

Vierter Auftritt.
Doppelmeier. Haunchen.

Hannchen (von außen). Wer klopft?
Doppelmeier. Ach einen Augenblick bitte ich Sie —
Hannchen (von außen). Ich komme!
Doppelmeier. Sie kommt! Gleich und gutwillig! Ich habe es mir ja gedacht. (Lachend.) Wenn das die alte Tante wüßte und mein frommer Vetter, daß ich mit der Frau charmiren will — die würden schöne Redensarten loslassen! Hähähä, ich gönne euch die Frömmigkeit und halte mich an die weltlichen Freuden, die sind auch nicht übel. —

Hannchen (tritt auf). Was steht zu Ihren Diensten?
Doppelmeier. Ach, schönes Weibchen, ich muß Ihnen ein großes Geheimniß vertrauen.
Hannchen (verschämt). Wie komme ich dazu, Ihr Vertrauen zu genießen?
Doppelmeier. Sie und kein anderer Mensch hat mein Vertrauen. Kurz und gut, ich bin unmenschlich in Sie verliebt.
Hannchen (will fort). Weh, was sagen Sie!
Doppelmeier (hält sie). Eine so hübsche Frau darf nicht so spröde sein.
Hannchen. Lassen Sie mich.
Doppelmeier. Wenn Sie mir ein bischen gut sein wollten.
Hannchen. Ach, mein Mann!
Doppelmeier. Machen Sie mir nichts weiß. Wie kann eine so hübsche junge Frau einen so alten, häßlichen Kerl lieben. Sehen Sie mich an, ich bin jung, frisch, kräftig, ich passe eher für Sie, als der alte Krüppel!
Hannchen. Ach, Herr Doppelmeier.
Doppelmeier. Kehren Sie Ihr Mäulchen nicht weg, einen Kuß können Sie mir schon geben.
Hannchen (schmachtend). Mein Gott, was verlangen Sie?
Doppelmeier. Einen Kuß, einen ordentlichen Kuß.
Hannchen. Das wäre ja Sünde.
Doppelmeier. Wenn es Sünde ist, schicke ich Ihnen meinen Vetter, der kann sie Ihnen vergeben.

Hannchen. Ach, ich fürchte mich —

Doppelmeier. Es ist ja nur eine kleine, ganz kleine Sünde; und wozu wären denn die Sünden da, wenn man sie nicht begehen sollte.

Hannchen (hingebend). Was machen Sie aus mir?

Doppelmeier. Na, sträube Dich nicht länger, mein Täubchen. (Will sie küssen.)

Hannchen (schreit laut auf).

Doppelmeier. Was ist denn?

Hannchen. Mein Mann!

Doppelmeier. Alle Wetter!

Hannchen. Er sucht mich! Wenn er mich hier findet, ermordet er mich.

Doppelmeier. Er wird doch nicht!

Hannchen. Ach, Sie kennen ihn nicht. Er hat schon eilf Menschen im Duell erschossen.

Fünfter Auftritt.

Vorige. Wackerbart, Klaus (noch von außen).

Wackerbart (von außen). Hannchen!

Doppelmeier. Das wäre der Teufel!

Hannchen. Hören Sie. Wenn er uns hier beisammen findet, er schießt Sie todt.

Doppelmeier (ängstlich). Machen Sie keinen schlechten Spaß.

Wackerbart (von außen). Hannchen!

Hannchen. Hören Sie? Ich merke an seiner Stimme, daß er schon wüthend ist. Wo verberge ich mich? Ach da! Halten Sie sich ruhig und verrathen Sie sich nicht, wenn Ihnen Ihr Leben lieb ist. (Schlüpft in den andern Schrank.)

Doppelmeier. Das ist ja eine verdammte Geschichte!

Wackerbart (mit Pistolen, zieht Klaus herein). Sie sollen Zeuge sein. Sie haben mir den sauberen Herrn in's Haus gebracht, Herr Candidat, von Ihnen fordere ich Rechenschaft!

Klaus. Beruhigen Sie sich doch!

Wackerbart. Wenn ich das Weib erdrosselt und den Spitzbuben erschossen habe! Herr, wo ist mein Weib?

Doppelmeier. Aber Herr Wackerbart!

Klaus. Nur einen Augenblick Ruhe. Vetter, Dein Wirth behauptet, Du ständest mit seiner Frau in einem unerlaubten Verhältnisse. Das ist doch nicht wahr?

Doppelmeier. Gott bewahre!

Klaus. Da sehen Sie, Herr Wackerbart.

Wackerbart. Was sehe ich? Daß er läugnet, will ich wohl glauben. Heute früh hat er ihr schon Anträge gemacht, ich habe es durch die Thüre mit angehört.

Doppelmeier (für sich). Verflucht!

Wackerbart. Ich wollte sehen, wie weit er die Sache treiben würde, und auch meine Frau prüfen; ich stellte mich, als ginge ich aus, komme unbemerkt zurück und richtig, meine Frau ist nicht zu finden. Also muß sie bei ihm sein. Herr, wo ist meine Frau?

Doppelmeier. Was weiß ich von Ihrer Frau! Haben Sie sie mir zum Aufheben gegeben?

Wackerbart. Versteckt muß sie hier sein, ich werde sie schon finden.

Doppelmeier (weicht immer ängstlich den Pistolen aus). Lassen Sie sich sagen —

Wackerbart. Nichts da! In dem Schranke wird sie stecken!

Doppelmeier. Vetter, hilf mir!

Wackerbart (öffnet den ersten Schrank). Aha, da ist sie! Nein, das ist eine Alte!

Doppelmeier. Wie kommt denn die hierher?

Raubesand (aus dem Schranke kommend). Ach, welch schreckliche Ereignisse!

Klaus (führt sie nach einem Sessel). Erholen Sie sich!

Raubesand (halb ohnmächtig). Ach, ich sterbe!

Wackerbart. Gebrauchen Sie Ihre Bequemlichkeit!

Doppelmeier. Sehen Sie, daß ich unschuldig bin!

Wackerbart. Noch nicht, sie kann auch da stecken!

Doppelmeier. Vetter, um Gottes willen hilf mir!

Klaus. Hast Du wirklich —?

Wackerbart (hat den andern Schrank geöffnet).

Hannchen (kommt heraus und kniet). Gnade, lieber Mann, Gnade, ich bin unschuldig!

Klaus. Himmel, was muß ich sehen!

Doppelmeier. Jetzt platzt die Bombe.

Wackerbart. Unschuldig? Bei einem fremden Manne versteckt und unschuldig?

Hannchen. Höre mich an!

Wackerbart. Kein Wort, treuloses Krokodill! Du hast eine Stunde Zeit zum Beten, dann drehe ich Dir den Hals um. Vorher aber will ich diesen nichtswürdigen Verführer strafen. Hier, sie sind geladen, auf fünf Schritt stehe, ich habe den ersten Schuß.

Doppelmeier. Thun Sie doch die verfluchten Dinger weg!

Wackerbart. Wähle, wähle!

{ Klaus. Beruhigen Sie sich!
Hannchen. Gnade, Gnade!
Doppelmeier. Daß ich ein Narr wäre, ich will mich nicht todtschießen lassen.

Wackerbart. Du willst nicht, Verführer?

Doppelmeier Fällt mir nicht ein.

Wackerbart. Willst mir keine Genugthuung geben? Ich bin ein alter Soldat und dulde keinen Flecken auf meiner Ehre!

Doppelmeier. So waschen Sie sie ab!

Klaus. Vetter, was hast Du gethan!

Wackerbart. Also Du willst Dich nicht schießen? Elender Feigling, erbärmlicher Hallunke!

Doppelmeier. Schimpfen Sie nur, das erleichtert das Gemüth, und ich nehme es nicht so genau.

Wackerbart. Meinst Du? Dein Blut will ich haben, Du entkommst mir nicht. (Besetzt die Thüre.)

Doppelmeier. Vetter, schütze mich vor dem Rasenden.

Klaus. Da geht der Criminal-Commissarius, ich winke ihn herauf!

Doppelmeier. Ach, der kann uns helfen! Herr Criminal-Commissarius!

Klaus. Er kommt schon.

Doppelmeier (steht mit dem Rücken dicht vor Fräulein Raubesand).

Raubesand. Ach, meine jungfräuliche Ehre!

Doppelmeier (erschrocken). Herr Du meines Lebens, die Alte! (Springt auf die andere Seite.)

Hannchen. Ich armes, verlorenes Weib!

Doppelmeier (erschrocken). Alle Wetter noch eine!

Und dort der Kerl mit den Pistolen! Und nirgends ein Loch zum Entwischen!

Klaus (hat mit Wackerbart gesprochen).

Wackerbart. Gut, ich will ruhig sein, will kalt sein, aber schießen muß er sich.

Doppelmeier. Das nennt der ruhig und kalt sein!

Wackerbart. Oder ich schieße ihn nieder wie einen tollen Hund!

Doppelmeier. Das ist ja ein ausgelernter Mörder!

Sechster Auftritt.
Vorige. Fritz.

Fritz. Wer verlangt nach mir?

Doppelmeier. Gott sei Dank, der Ehrenmann wird Frieden stiften.

Fritz. Was geht hier vor?

Wackerbart. Hören Sie!

Klaus. Lassen Sie sich sagen.

Hannchen. Stiften Sie Frieden.

Doppelmeier. Retten Sie mich!

Fritz. Ruhig! Einer rede nach dem Anderen. Wer ist der Kläger?

Wackerbart. Ich!

Fritz. Also reden Sie!

Wackerbart. Dieser elende Mensch hat eine Wohnung bei mir bezogen und ein strafbares Verhältniß mit meiner Frau angefangen.

Doppelmeier. Erlauben Sie —

Wackerbart. Wollen Sie läugnen?

Doppelmeier. Ja wohl will ich das, ich läugne, ich bin ganz unschuldig!

Wackerbart. Herr Criminal-Commissarius, zum Glück sind Zeugen vorhanden! Herr Candidat, haben wir nicht meine Frau im Schranke versteckt bei ihm gefunden?

Klaus. Ich kann es nicht in Abrede stellen, aber —

Wackerbart. Und Du, unwürdiges Geschöpf, gestehe, hat er Dir keine Anträge gemacht?

Hannchen. Ach, mein lieber Mann!

Wackerbart. Die Wahrheit!

5*

Hannchen. Er wollte mich küssen!

Doppelmeier. Nun ja, aber —

Wackerbart. Da hören Sie, er gesteht! Und Sie, Fräulein, waren unwillkürlich Zeuge, was haben Sie gehört?

Raubesand. Ach, meine Zunge sträubt sich zu wiederholen, was meine Ohren gehört haben.

Wackerbart. Sie sehen, er ist überführt. Er muß sich mit mir schlagen.

Doppelmeier. Auf ein Paar Fäuste, ja, da stehe ich meinen Mann, aber nicht mit Pistolen.

Wackerbart. Nichts da, auf Leben und Tod!

Fritz. Halt, das Duell ist verboten!

Doppelmeier. Gott sei Dank! Bei schwerer Strafe verboten, nicht wahr, Herr Criminal=Commissarius? Da hören Sie es!

Wackerbart. Was kümmert sich ein Mann von Ehre um das Verbot — er muß sich schießen!

Fritz. Wenn Sie solche Drohungen ausstoßen, müßte ich Sie verhaften.

Doppelmeier. Ach ja, Herr Criminal=Commissarius, sperren Sie ihn ein, nur recht lange, wenigstens so lange, bis ich fort bin.

Fritz. Zuerst aber nehme ich Sie mit, Herr Doppelmeier.

Doppelmeier. Mich?

Fritz. Sie sind überführt, mit dieser Frau in straf= barem Verhältniß gestanden zu haben; nach §. 88. trifft Sie zwei Jahre Zuchthaus.

Doppelmeier. Schon wieder Zuchthaus?

Wackerbart. Machen Sie, was Sie wollen; kommt er aus dem Zuchthause wieder los, so schieße ich ihn nachher todt — meine Ehre muß gereinigt werden. Und wenn Sie mich verhaften, ich habe zwei Brüder, die meine Rache übernehmen — lebendig entkommt er nicht.

Doppelmeier. Wer hilft mir aus dieser Patsche!

Klaus. Halt, meine Herren, ein Wort zur Verständigung! Es ziemt mir nicht zu vertheidigen, was mein Vetter gethan hat. —

Doppelmeier. Ach ja, Vetter, vertheidige mich nur.

Klaus. Nein, Vetter, Du hast gegen das zehnte Gebot gesündigt, das kann ich nicht rechtfertigen. Aber was nützt Ihnen die Rache, Herr Wackerbart? Lassen Sie dem jungen, unbesonnenen Menschen Zeit, sich zu bessern, damit er nicht dahin fahre, die Seele mit Sünden beladen.

Doppelmeier (für sich). Klingt das doch, als wenn er einen zum Hängen vorbereiten wollte.

Wackerbart. Nein, meine Ehre muß wiederhergestellt werden.

Klaus. Wohlan denn, tödten Sie ihn — was wird Ihr Loos sein? Das vergossene Blut schreit zum Himmel, und des Nachts wird die Erinnerung an Ihre That wie ein blutiges Gespenst vor Ihrem Bette stehen.

Raubesand (weint laut).

Klaus. Und der Mensch, der in Sünden dahin fährt, und dem Sie keine Frist zur Besserung gelassen haben, wird jenseits ohne Vergebung herumirren — und Sie haben ihm nicht blos das irdische Leben geraubt, sondern auch die ewige Seligkeit.

Hannchen (weint mit).

Wackerbart. Gut, Herr Candidat, um Ihretwillen will ich ihm das Leben schenken.

Fritz. Wenn Sie ihm verzeihen, hat das Gericht nicht einzuschreiten.

Doppelmeier (für sich). Gott sei Dank!

Wackerbart. Aber ohne Strafe kommt er nicht davon.

Doppelmeier. Was?

Wackerbart. Der Mensch ist reich, er soll ein gutes Werk thun.

Doppelmeier. Wie?

Wackerbart. Unter der Bedingung will ich ihm verzeihen. Hat er keine armen Verwandten?

Klaus. Wohl, eine arme Schwester, die sich mühselig mit ihrem Knaben nährt.

Wackerbart. Gut, so soll er ihr 5000 Thaler geben, aber gleich!

Doppelmeier. Daß ich ein Narr wäre!

Klaus. Du willst nicht?

Doppelmeier. Denke nicht daran!

Wackerbart. Aus dem Wege, Herr Candidat, ich schieße ihn nieder!

Fritz. Halt, Sie dürfen ihn dem Zuchthause nicht entziehen!

Klaus. Vetter, was thust Du? Dir droht Tod und Gefängniß, und Du besinnst Dich?

Doppelmeier. Ich will ihr 50 Thaler geben!

Wackerbart. Willst Du mich höhnen, Elender. Aus dem Wege, Herr Candidat!

Doppelmeier. Nun dann hundert!

Wackerbart. Keinen Pfennig unter 5000 Thaler. Soll ich mir meine Ehre mit 50 Thalern bezahlen lassen?

Doppelmeier. Wenn mir Einer nur 50 Thaler für meine Ehre geben wollte —

Fritz. Genug des Geschwätzes. Sie sind angeklagt und überführt, und wenn Ihnen der beleidigte Theil nicht vergiebt, so muß ich Sie verhaften.

Wackerbart. Und ich schwöre es, kommt er aus dem Zuchthause, so schieße ich ihn nieder! Und sollte ich sterben, vermache ich meinen zwei Brüdern meine Rache!

Klaus. Vetter, Vetter!

Doppelmeier. Ich stecke ja wie in einem Schraub=stocke. Nun, in's Guckuks Namen!

Klaus. Er willigt ein!

Wackerbart. Das ist sein Glück!

Klaus. Herr Criminal=Commissarius, schreiben Sie die Schenkungsacte. (Giebt ihm ein Papier, leise.) Ist schon notariell gemacht, fehlt nur seine Unterschrift.

Wackerbart. Aber auf der Stelle, ich muß sehen, wie er das Geld giebt.

Doppelmeier. Aber stecken Sie nun die Pistolen weg! —

Wackerbart. Damit Sie entwischen? Dafür wird gesorgt sein! (Stellt sich an die Thür.)

Klaus. Hole das Geld und reize ihn nicht weiter!

Doppelmeier (schießt grimmige Blicke um sich und holt das Geld, eins von den Lotteriepacketen).

Fritz (am Tische sitzend). So unterschreiben Sie: Schenke ich aus freiem Antriebe meiner Schwester Karoline Welden erb= und eigenthümlich die Summe von 5000 Thalern."

Doppelmeier (unterschreibt; für sich). Aus freiem Antriebe. Was die Menschen lügen!

Fritz. Ich werde das gerichtlich beglaubigen und Ihrer Schwester das Geld zustellen lassen. So ist denn hier der Friede wieder hergestellt und mein Geschäft beendigt. (Ab.)

Wackerbart. Und nun fort, Du Krokodil, Dich erwartet ein anderes Gericht.

Hannchen. Ach, lieber Mann —

Wackerbart. Fort, fort!

Hannchen. Herr Doppelmeier, Sie haben mich in's Unglück gestürzt. Besänftigen Sie meinen Mann.

Doppelmeier. Was kümmert's mich? Ich bin froh, daß ich aus der Patsche bin.

Hannchen. Ungeheuer!

Wackerbart. Jetzt komm, das Weitere wird sich finden. (Mit Hannchen ab.)

Doppelmeier. Sie wird etwas Prügel kriegen — pah, wäre ich damit abgekommen!

Klaus. Kommen Sie, Fräulein, ich will Sie nach Hause führen.

Raubesand. Ach, diesen Tag überlebe ich nicht.

Klaus. Trösten Sie sich, wenn der Herr eine Prüfung schickt, muß man still halten. (Mit Frl. Raubesand ab.)

Doppelmeier. Ja wohl muß man still halten! Hätte der verdammte Kerl keine Pistolen gehabt, ich wollte ihn — Dieses Krokodil von einem Frauenzimmer — und dieser alte raffinirte Mörder — und dieser Criminal-Commissarius — o, o, o — wenn ich nur Jemanden hätte, an dem ich meine Wuth auslassen könnte. Etwa den Andres, oder den Ochsenknecht — oder den Schafjungen — käme mir einer in den Weg — bei den Haaren wollte ich ihn fassen — (faßt sich in die Haare) bei der Brust wollte ich ihn packen — (packt sich bei der Brust) karbatschen wollte ich euch Hallunken, daß ihr in 6 Wochen nicht kriechen könntet. So, so, so, da, da, da! (Indem er sich selbst schlägt, fällt der Vorhang.)

Sechstes Bild.

Halali.

Personen.

Klaus.
Doppelmeier.
Hannchen.
Wackerbart.
Fritz.
Leopold.
Fräulein Raubesand.
Karoline.
Peter Lommatzsch.
Kellner, Masken.

(Kurzes Nebenzimmer eines Ballsaales, bloß durch einen Plafond, von einer Säule getragen, von dem Ballsaale geschieden. Rechts durch eine spanische Wand ein Versteck gebildet, in welchem ein Spieltisch. 2 Seitenthüren. In dem Ballsaale buntes Gewühl von Masken aller Art. Bei größeren Bühnen ist hier ein kleines Ballet anzubringen. Alles nach willkürlicher Anordnung der Regie. Die Handlung geht durchweg in dem kurzen Nebenzimmer vor.)

Erster Auftritt.

Klaus, Leopold, Hannchen (alle maskirt und im Domino).

Leopold. Aber so erkläre mir doch!

Klaus. Dazu ist keine Zeit. Deine 6000 Thaler hast Du erhalten?

Leopold. Ja, sie waren noch in dem Umschlage von des alten Müllers Hand. Aber wie —

Klaus. Kümmere Dich nicht darum! Du hast Dein rechtmäßiges Eigenthum zurück erhalten — die Schelmerei dabei fällt auf meine Kappe!

Leopold. Aber warum hast Du mich hierher bestellt?

Klaus. Du bist der Herr vom Hause und giebst diesen Ball.

Leopold. Nein, ich kann nicht lügen.

Klaus. Pah, ich stelle Dir den Müller vor, Du sagst ihm: freue mich, Sie zu sehen und drehst ihm den Rücken — das ist keine Lüge! So viel kannst Du thun.

Leopold. Du verstrickst mich da —

Hannchen (in elegantem Ballanzuge unter dem Domino, an Klaus' Arm). Thun Sie es, Sie sollen auch Fräulein Karoline sehen.

Leopold. Wer ist das? Die Stimme ist mir bekannt!

Klaus. Die Baronin Couturière.

Hannchen (nimmt die Maske ab). Ihre ergebene Dienerin.

Leopold. Hannchen!

Klaus. Dein Mädchen mit ihrer Tante kommt her, ich will sie Dir nachher zuführen, Du kannst mit ihr tanzen. Jetzt führe Hannchen dort links hinüber; der Domino mit der rothen Schleife ist Hörter, ihm übergieb sie.

Leopold. Karoline hierher? Ich begreife Alles nicht, erkläre mir —

Klaus. Das wäre langweilig — macht jetzt, daß Ihr Beide fort kommt! (Schiebt Beide fort.)

Leopold (im Abgehen). So sagen Sie mir —

Hannchen. Hören Sie denn — (Beide hinten ab.)

Klaus. So, Alles ist bereit. Die Kellner sind unterrichtet, daß sie von dem Domino mit der gelben Schleife kein Geld nehmen sollen. Er war noch etwas verdrießlich, als wir hergingen, aber der Wein wird ihn schon munter machen. Spielt Hannchen ihre Rolle gut, so gelingt auch dieser letzte Streich. Wenn ich ein rechter Sünder wäre, für diese gute That, einen Erzspitzbuben bestraft und seinen Raub an den rechten Mann gebracht zu haben, verdiente ich ein Stühlchen extra im Himmel! (Blickt in die Seite rechts.) Da sitzt er im Speisezimmer. Er scheint satt zu sein und steht auf. Er hat sich den Kapaun und die Trüffelpastete trefflich schmecken lassen und eine ganze Flasche Champagner dazu getrunken. Na warte, Du sollst schon mehr bekommen! (Ruft:) Hier, Vetter, hier!

Zweiter Auftritt.

Klaus, Doppelmeier (im Domino mit gelber Schleife).

Doppelmeier. Ei Vetter, wo steckst Du denn? Du läßt mich allein? (Nimmt die Maske, die ihn hindert, so viel thunlich ab.)

Klaus. Ich ließ Dich beim Essen; mir winkte ein Freund.

Doppelmeier. Das muß ich sagen, ausgezeichnet hat es mir geschmeckt. Der Herr Banquier führt eine vortreffliche Küche, und der Wein ist auch recht trinkbar. Hähähä! Aber warum ißt und trinkst Du nicht?

Klaus. Du weißt, ich bin nur Dir zu Liebe hierher gegangen; es widerstrebt meinen Grundsätzen, den Gaumen zu kitzeln.

Doppelmeier. Na, wie Du willst, Vetter! Ich will dann für Dich mitessen und mir es schmecken lassen. Einen kleinen Grund habe ich bereits gelegt, in einem halben Stündchen, denke ich, können wir darauf weiter bauen. Höre einmal, lustig ist es doch hier! Auf dem Lande haben wir das nicht, das ist wahr. Und diese Menge Gäste! Der Banquier muß sehr reich sein.

Klaus. Ach, daß Du Gefallen findest an diesen sündhaften Eitelkeiten.

Doppelmeier. Na, einmal ansehen kann man es doch!

Dritter Auftritt.

Vorige. Peter Lommatzsch.

Peter (als Harlekin, schlägt Doppelmeier mit der Pritsche).
Doppelmeier. He?
Peter (giebt ihm noch einen Schlag und entspringt).
Doppelmeier. Was war das?
Klaus. Ein Harlekin schlug Dich mit der Pritsche.
Doppelmeier (streift die Aermel auf). Da soll ihn ja gleich —!
Klaus. Das ist Maskenfreiheit, Vetter, das muß man sich gefallen lassen.

Doppelmeier. So? Dann mag es sein! Sonst — wo es auf die Fäuste ankommt, stehe ich meinen Mann.

Vierter Auftritt.

Vorige. Wackerbart.

Wackerbart (als Magier, stellt sich vor Doppelmeier hin).

Doppelmeier. Na nu?
Wackerbart. Willst Du in die Zukunft schauen,
Mußt Du meinem Wort vertrauen.
Doppelmeier. Was wollen Sie?
Wackerbart. Reiche kühn mir Deine Hand,
Zukunft mach' ich Dir bekannt.
Dopelmeier. Vetter, was will der Kerl?
Klaus. Gieb ihm doch die Hand!
Doppelmeier. Da!
Wackerbart. Dich hat heut' Verlust getroffen —
Doppelmeier Der Kerl weiß Alles!
Wackerbart. Aber dennoch mußt Du hoffen,
Traue kühn heut' Deinem Glück.
Es bringt den Verlust zurück! (Ab.)
Doppelmeier. Nun höre einer an.
Klaus. Das sind Maskenscherze! Doch still, da kommt der Herr vom Hause. Du mußt Dich ihm vorstellen.

Fünfter Auftritt.

Vorige. Leopold.

Klaus. Herr Schildblau, mein Vetter Doppelmeier wünscht Ihnen seinen Dank für Ihre freundliche Einladung auszudrücken.

Doppelmeier. Ja, Herr Schildblau, es ist sehr schön bei Ihnen, — und wenn Sie einmal nach Gernsdorf kommen und bei mir vorsprechen wollen — ein gut Stück Schinken und echten Doppelkümmel sollen Sie auch bei mir finden.

Leopold. Freut mich, Sie zu sehen, unterhalten Sie sich gut! (Ab.)

Doppelmeier. Immer so kurz angebunden.

Klaus. Bedenke, er muß die Hunderte von Gästen begrüßen, da bleibt ihm für Einen wenig Zeit.

Sechster Auftritt.

Vorige. Hannchen.

Hannchen. Bon soir, mon ami!

Klaus. Ah c'est vous, ma chère baronesse?

Doppelmeier (für sich). Eine Baroneffe.

Hannchen. Il fait chaud ce soir.

Klaus. Très chaud.

Doppelmeier (leise). Du, wer ist denn das?

Klaus. Ich will Dich vorstellen. Permettez que je vous présente Monsieur Doppelmeier, la plus grande bête, que je connais.

Doppelmeier. Bitte recht sehr.

Klaus. Die Frau Baronin von Couturière.

Hannchen (verbeugt sich). Ah coquin que vous êtes.

Doppelmeier. Sie sind gar zu gütig

Hannchen (immer gebrochen deutsch). Der Salle sein sehr voll! (Wendet sich nach hinten.)

Doppelmeier. Du, wer ist denn das?

Klaus. Eine steinreiche Französin, die seit Kurzem in der Stadt ist, jung, gutherzig, lebenslustig, aber sie spielt fürchterlich und immer mit Verlust. Wenn sie nicht so ungeheuer reich wäre, könnte sie es nicht aushalten. Nimm Dich ja vor ihr in Acht.

Hannchen. Votre ami, Mr. Doppelmeier, scheinen lieber deutsch zu spreken?

Doppelmeier. Ja, Frau Baroneffe, wenn es Ihnen einerlei ist, mir ist Deutsch lieber.

Hannchen. O, ick sprefen auch ferr gut ter Deutsch!

Doppelmeier. Vortrefflich, man kann es ganz gut verstehen.

Hannchen. Oh mon reverend, je m'ennuie, faisons un petit jeu!

Klaus. Nein, gnädige Frau, ich spiele nicht.

Hannchen. Ah, mir fallen ein, Sie sein geistlik — c'est dommage.

Doppelmeier (gierig). Wenn die gnädige Frau Lust haben — vielleicht mit mir.

Hannchen. Ah monsieur, vous êtes un fripon —

Sie fein ferr liebenswürdik — allons, jouons. (Setzt sich an den Tisch, den Rücken nach der Bühne; mischt Karten.)

Klaus (hält Doppelmeier.) Vetter, Du bist verloren.

Doppelmeier (sich los windend). Dummes Zeug!

Klaus. Nimm Dich in Acht!

Doppelmeier. Laß mich nur!

Klaus. Ich habe Dich gewarnt!

Doppelmeier. Paperlapap! (Setzt sich.)

Hannchen. Spielen Sie écarté?

Doppelmeier. Ja, ich habe es von einem Lieutenant gelernt, der bei uns im Quartiere lag.

(Das Spiel muß rasch gehen, meist mit Auflegen der Karten entschieden werden und mit dem Anlegen des Königs. Die Marken zum Anlegen liegen auf dem Tische bereit. Hannchen bezahlt in Gold.)

Hannchen. Wie spielen wir?

Doppelmeier. Wie?

Hannchen. Wie hok?

Doppelmeier. Wie Sie wollen.

Hannchen. Vier Louisd'or!

Doppelmeier. Schön, schön!

Klaus (für sich). So, jetzt ist er in der Falle. Meine Warnungen haben ihn erst recht hitzig gemacht. Ich bin wahrhaftig Mephistopheles im schwarzen Rocke. Hannchen spielt ihre Rolle trefflich. Er ist von Wein erregt und von blinder Gewinnsucht gestachelt, es muß gelingen.

Hannchen. Ah c'est mon guignon comme toujours!

Doppelmeier. Wie meinen Sie?

Hannchen. Ick aben Unglück wie immer. Verdoppeln wir den Einsatz.

Doppelmeier. Mir ist's recht.

Siebenter Auftritt.

Vorige. Fritz (im Domino).

(Alle Personen nehmen, wo immer thunlich, die Masken ab, überhaupt so weit es geht, um Doppelmeier nicht aus der Täuschung kommen zu lassen.)

Fritz. Nun wie ist's? Kommen wir bald zum Ziele?

Klaus. Still, es gelingt Alles! Hörter, alter Junge, ich bin kreuzfidel. Denke Dir, wenn ich morgen hinausgehe und der armen Schwester dieses Lumpen die 5000

Thaler bringe, die ihr so sicher aus der Erbschaft noch zukommen, wenn ich sie ihr gut anlegen und für sie sorgen kann, es ist eigentlich zu viel Vergnügen, diesen Gauner zu prellen und zugleich ein armes Weib glücklich zu machen.

Hannchen. Ah, ick aben schlekte Karten! Quit ou double!

Doppelmeier. Wie Sie wollen!

Fritz. Was hast Du aber eigentlich von der ganzen Geschichte?

Klaus. Spaß, amice, Spaß, meine einzige Leidenschaft!

Fritz. Und die Gefahr, daß Dich der Mensch einmal erkennt. Ich reise fort, aber Du?

Klaus. Pah, ich lasse meinen Bart wieder wachsen, und lege meinen Candidatenrock wieder ab, da erkennt er mich nicht wieder. Uebrigens habe ich ihm die Stadt so versalzen, daß er sich sobald nicht wieder herein wagt.

Doppelmeier. Und den König!

Hannchen. Wieder verloren. Noch einmal quit ou double!

Doppelmeier. Mit dem größten Vergnügen!

Klaus. Still! Hannchen winkt mir! Sie läßt ihn anfangs gewinnen, um ihn noch mehr zu reizen. Mir scheint, sie will eine Pause machen. Ich will indessen die alte Jungfer Raubesand heraufführen, sie wollte Punkt 9 Uhr da sein. Mache, daß Du fortkommst und laß Dich nicht eher sehen, bis es Zeit ist.

Beide (ab).

Hannchen. Ah, c'est trop! Schon wieder verloren. (Steht auf). Ick müssen ein paar Mal durch den Sall promenir. Aben Sie Lust, spielen wir nachher noch eine Partie. (Ab).

Doppelmeier. Ob ich Lust habe? Dumme Frage. Sechszig Louisd'or gewonnen, 340 Thaler. Schade, daß sie schon aufhört. Doch sie will ja noch einmal! Der Jude oder Türke, der mir vorhin prophezeihte, wußte Alles. Er hat mir Glück für heute versprochen, und das trifft zu. Sie ist steinreich, wie der Vetter sagt, was sind für Die ein paar Tausend Thaler! Hier ist der Weg, wo ich meinen Verlust decken kann! Ich wage Alles. Juchhe, so nimmt noch Alles ein gutes Ende. Zwar wenn ich verlöre? Auch nur ein paar Mal? Pah, nur immer verdoppeln — endlich muß man gewinnen. Zum Glück kann ich es aushalten, ich habe meine letzten 5000 Thaler zu mir gesteckt! Jetzt ein Fläschchen Champagner, das giebt einem Muth! (Ab.)

Achter Auftritt.

Klaus, Fräulein Raubesand, Karoline (im Domino)

Klaus. So! Hier ist ein stilles Nebenzimmer, von hier aus können Sie das ganze Treiben übersehen.

Raubesand. Ach, Herr Candidat, mir wird es fast ängstlich zu Muthe.

Klaus. Sie sind sicher unter meinem Schutze. Aber lassen Sie das Fräulein etwas in den Saal gehen.

Raubesand. Nein, nein, sie bleibt bei mir.

Klaus (leise). Wenn wir den Menschen beobachten wollen, darf das unschuldige Kind nicht Zeuge solcher Schlechtigkeit sein. Ich sehe dort einen Freund von mir, dem können wir sie anvertrauen.

Raubesand. Wenn Sie so meinen? ich folge Ihrem Rathe.

Karoline. Nein, Tante, ich will bei Dir bleiben.

Klaus (leise). Still, es ist Leopold!

Raubesand. Wenn der fromme Herr Candidat es für gut befindet, so mußt Du gehorchen.

Karoline. Wie Sie befehlen.

Neunter Auftritt.

Vorige. Leopold.

Klaus. Lieber Freund, willst Du wohl so gefällig sein, dieser Dame den Arm zu geben und sie etwas durch den Saal zu führen?

Leopold (der schon beim Eintritt Karolinens hinten lauschte und auf einen Wink von Klaus eintrat, verbeugt sich stumm und führt Karoline ab.)

Klaus. Und wenn es nun so ist, wie ich fürchte, wenn wir uns von der gänzlichen Unwürdigkeit meines Vetters Doppelmeier überzeugen, was wollen Sie thun? Werden Sie Ihr unschuldiges Lamm den Klauen dieses Wolfs übergeben?

Raubesand. Bewahre mich der Himmel, Herr

Candidat. Ach, was habe ich mich in diesem Menschen
getäuscht! Sein Vater war ein braver Mann, aber was
ich von diesem seinem Sohne schon gesehen habe —

Klaus. Und wollen Sie dann nicht den Wünschen
Ihrer Nichte Gehör geben und sie dem Manne lassen, zu
dem ihr Herz sie hinzieht?

Raubesand. Niemals!

Klaus. Verehrtes Fräulein, des Herzens Stimme
ist oft Gottes Stimme —, der Mensch soll sich ihr nicht
widersetzen.

Raubesand. Ach, Herr Candidat, Sie machen mich
ganz irre.

Klaus. Ich kenne diesen Leopold Willich und kann
gut für ihn stehen — er ist ein braver Mensch.

Raubesand. Er hat aber gar nichts!

Klaus. Erlauben Sie, wenn er auch nicht reich ist,
so hat er doch ein Kapital von 6000 Thalern und hat
etwas gelernt. Aber still, da kommt der Unglücksmensch,
mein Vetter!

Zehnter Auftritt.

Vorige. Doppelmeier.

Doppelmeier (sehr lustig, schlägt Klaus auf die Schul-
ter). Sieh da, Vetterchen, hast Du Dir auch ein Schätz-
chen zugelegt? Recht so, alter Junge, ich sehe, Du besserst
Dich!

Klaus. Aber Vetter, wie kannst Du denken —?

Doppelmeier. Hähä, mache mich nicht dumm! So
seid Ihr Schwarzröcke alle. Immer predigt Ihr Andern
die Entsagung und in der Stille küßt Ihr die hübschen
Mädchen.

Klaus. Ich muß Dich ernstlich bitten —

Doppelmeier. Paperlapap! Trinke ein paar Fla-
schen Champagner, dann wirst Du lustig wie ich. Laß die
duckmäuserischen Grillen den alten Jungfern, wie meiner
Pathe Raubesand; ein ordentlicher Kerl nimmt mit, was
ihm in den Weg kommt.

Klaus. Du verkennst mich.

Doppelmeier. Pah, ich kann mich jetzt mit Dir
nicht streiten. Da kommt meine schöne Baronin, die muß
noch bluten. (Hinten ab.)

Raubesand. Entsetzlich!

Klaus. Ich höre zu meinem Schrecken, daß es noch schlimmer steht, als ich gefürchtet habe.

Raubesand. Mich eine alte Jungfer zu heißen!

Klaus. Da Sie mit Ehren Ihre Jungfräulichkeit bewahrt haben.

Raubesand. Ich hätte fünf Mal heirathen können! Da war der Schloßverwalter —

Klaus. Wer zweifelt daran!

Raubesand. Und der Kanzlei=Inspektor —

Klaus. Ich bin überzeugt —

Raubesand. Und der pensionirte Hauptmann —

Klaus. Sie zogen es aber vor, dem Himmel Ihr schönes Leben zu weihen, statt sich in den sündengefährlichen Ehestand zu begeben.

Raubesand. O, dieser Mensch ist böse von Grund aus, er ist ganz in der Gewalt des Satans!

Klaus. Urtheilen wir nicht zu früh, beobachten wir weiter.

Raubesand. O, ich weiß jetzt genug.

Klaus. Nicht doch, vortreffliche Freundin, man muß nicht zu rasch verdammen! Still, da kommt er.

Eilfter Auftritt.

Vorige. Doppelmeier. Hannchen.

Doppelmeier (hat seinen Arm durch den Arm Hannchens gesteckt). Da sind wir!

Hannchen. Wenn Sie wollen, ick spielen noch!

Doppelmeier. Recht, recht, noch ein paar Partieen!

Hannchen. Aber ick aben getrunken fleur de Bouzy, da aben ick immer Glück.

Doppelmeier (gierig). Nur zu, nur zu — vorhin haben Sie verloren, kann ich auch einmal verlieren.

Hannchen (sitzend). Eh bien! — Sie aben ke=wonnen 60 Louisd'or — maken 340 Thaler — spielen wir um den Gewinnst.

Doppelmeier. Ja, ja, wie sie wollen. (Spielen rasch wie vorhin. Doppelmeier muß gleich sein Paket mit Bank= noten herausnehmen und bezahlt mit diesen.)

Klaus. Der arme, verlorene Mensch, auch diesem Laster giebt er sich hin!

Raubesand. Und dabei scheint er Wein getrunken zu haben, der Unglückliche!

Klaus. Da mag er wohl zu entschuldigen sein; der Wohlgeschmack verführte den Aermsten, der dergleichen nicht gewohnt ist.

Raubesand. Ach, Herr Candidat, welch ein christliches Gemüth besitzen Sie, immer noch wissen Sie zu entschuldigen!

Klaus. Ist das nicht unsere Pflicht, meine vortreffliche Freundin?

Hannchen. Sehen Sie, ick aben kewonnen!

Doppelmeier. Ja wohl, da ist das Geld. Nun um das Doppelte!

Hannchen. Eh bien, ick sein es zufrieden.

Doppelmeier. Warum nehmen Sie die Maske nicht ab?

Hannchen. Niemals. Ick lassen mein Gesickt nie sehen vor junge Herren. Je marque le roi!

Klaus (der leise mit Frl. Raubesand gesprochen und das Spiel beobachtet hat, wie in der ganzen Scene). Wie ich Ihnen sage, Herr Leopold Willich ist ein vortrefflicher junger Mann, und Sie könnten keine bessere Wahl treffen.

Raubesand. Ach, das Mädchen soll lieber gar nicht heirathen.

Klaus. Ach, meine geliebte Schwester im Herrn, wie gern würde ich Ihnen hier beistimmen. Gewiß ist ein Leben der Frömmigkeit geweiht, wie das Ihrige, allen andern vorzuziehen. Aber besitzt auch Ihre Nichte die nöthige Festigkeit, um allen Versuchungen und Gefahren der Welt widerstehen zu können?

Hannchen. Ick aben kewonnen. Sie sehen, ick aben Glück!

Doppelmeier (verdrießlich). Das wird doch nicht so fort gehen. Hätte ich nur proponirt — aber Sie haben zu gute Karten.

Hannchen. Ick aben Ihnen das vorausgesagt.

Doppelmeier. Wieder um das Doppelte!

Hannchen. Bon.

Klaus. Nein, nein, die wenigen Worte, die ich mit Ihrer Nichte gewechselt habe, überzeugen mich, daß sie schüchtern und zaghaft ist und einer festen Stütze im Leben bedarf. (Immer recht salbungsvoll.) Ueber kurz oder lang werden Sie die Staffeln des Himmelreichs besteigen und dort oben den Lohn empfangen für Ihre Tugenden. Mit welcher Seligkeit würden Sie dann von oben herabblicken, wüßten Sie Ihre dankbare Nichte, Ihre Tochter dem Geiste nach, in dem Arme eines tugendhaften Mannes, mit Segenswünschen ihrer Tante, ihrer zweiten Mutter gedenkend.

Raubesand. Hören Sie auf, Sie machen mich weinen.

Doppelmeier. Da schlage doch gleich das Donnerwetter — nehmen Sie es nicht übel — wieder verloren.

Hannchen. Eh bien, finissons — Sie aben Unglück — hören wir auf.

Doppelmeier. Der Teufel auch, ich muß mein Geld wiederhaben.

Hannchen. Une autre fois, ein andermal will ick Ihnen geben Revange.

Doppelmeier. Nichts da, nichts da, so kommen Sie mir nicht fort!

Klaus. So sehen Sie nur.

Raubesand. Entsetzlich!

Hannchen. Mais Monsieur —

Doppelmeier (immer ungehobelter). Ach was Monsieur, mir's Geld abnehmen und fortgehen, ist das Manier?

Hannchen. Eh bien, damit Sie sehen, daß ick bin gut, ick will spielen noch eine Partie.

Doppelmeier. Kommen Sie nur! Wieder um das Doppelte!

Klaus (giebt nach hinten Winke).

Zwölfter Auftritt.

Vorige, Fritz, Peter, Wackerbart, Leopold, Karoline.
(Sie nähern sich nach und nach und bleiben hinten stehen.)

Klaus. Sie sehen, der Unglückliche erhitzt sich; sicher hat er verloren. Ach, umsonst habe ich ihn gewarnt! Sehen Sie die stieren Augen, wie ihm die Hände zittern, die ganze Leidenschaft des Spiels, die Habgier, die Furcht, die Angst, die Gewinnsucht malt sich in seinen Zügen.

Raubesand. Fürchterlich!

Klaus. O könnte ich alle jungen Männer hierher

führen und ihnen zeigen, wohin das Laster die Menschen führt.

Raubesand. Ach, Sie vortrefflicher Menschenfreund!

Doppelmeier. Verdammtes Pech! Warum ließ ich Sie proponiren.

Hannchen. Thun Sie es nicht — Sie spielen nicf gut.

Doppelmeier. Ach, ich stehe auf Drei, dies Mal gewinne ich doch — die Prophezeiungen treffen ein.

Hannchen. Ick proponiren. —

Doppelmeier. Soll if — soll if nicht — nein!

Hannchen. Den König markir — et tous les levées — le jeu est fini.

Doppelmeier. Ei so wollte ich doch — Himmeltausendelement. Noch eine Partie!

Hannchen. Non monsieur, ick wollen nick mehr spielen. (Steckt das Geld ein.)

Doppelmeier. Aber ich bitte Sie um Gottes willen — Sie werden doch nicht so —

Hannchen. Damit Sie sehen, daß ich gefällig — setzen Sie —

Doppelmeier. Ich habe nicht so viel Geld bei mir.

Hannchen. Ohne Geld spielt man nicht — also hören wir auf.

Doppelmeier. Wie? Das Geld wollen Sie mir alle nehmen?

Hannchen (steht auf.) Ick aben kewonnen. Sie aben auf kenommen das Geld, als Sie von mir kewonnen.

Doppelmeier. Das sind ja aber 5000 Thaler!

Hannchen. Riktik, das wissen ick wohl! (Will gehen.)

Doppelmeier. Halt, ich lasse Sie nicht fort, ich muß mein Geld wieder haben!

Hannchen. Messieurs, sauvez-moi!

(Die ganze Scene muß halblaut gesprochen oder wenigstens so markirt werden, daß alle Sprechenden vermeiden, die Masken im Saale aufmerksam zu machen.)

Wackerbart
Klaus
Leopold
Peter
} (treten dazwischen).

Karoline (geht zur Tante).

Wackerbart }
Leopold   } (in Masken). Was geht hier vor?
Doppelmeier. Ich will mein Geld wiederhaben!
Klaus. Vetter, was hast Du gemacht?
Doppelmeier. Ich will mein Geld wiederhaben!
Hannchen. Er hat gespielt, hat verloren, il est fou!
Doppelmeier. Laßt sie nicht fort, sie hat mein Geld!
Wackerbart. Sie haben ja verloren.
Klaus. Mache doch kein Aufsehen!
Doppelmeier. Sie geht mit meinem Gelde fort, haltet sie!

Dreizehnter Auftritt.

Vorige. Fritz (den Domino offen, ohne Maske).

Fritz. Was geht hier vor?
Hannchen (geht ab).
Doppelmeier. Ach, Herr Criminal-Commissarius, die Frau Baronin hat mein Geld — helfen Sie mir!
Fritz. Sind Sie bestohlen?
Doppelmeier. Ja — nein, — sie hat es mir im Spiele abgenommen.
Fritz. Das Spiel ist verboten.
Doppelmeier. Sehen Sie, sie muß es wieder herausgeben.
Fritz. Allerdings. Ich kenne die Baronin und habe sie den ganzen Abend beobachtet — sie muß es wieder herausgeben!
Doppelmeier. Gott sei Dank!
Fritz. Und es verfällt der Armenkasse!
Doppelmeier. Was?!
Fritz. Sie aber sollen dies Mal nicht so davon kommen. Paragraph 99. bestimmt 6 Monate bis 2 Jahre Gefängniß für Hazardspiel!
Doppelmeier (fällt auf einen Stuhl). Ich bin verloren, bin geschlagen. (Das Orchester hinter der Scene spielt: „O du lieber Augustin".)
Fritz. Zwei Mal habe ich Sie so durchschlüpfen lassen, Sie Wilddieb, Sie Falschmünzer, Sie Frauenjäger, aber dies Mal kommen Sie mir daran. Ein solcher Ver-

brecher muß seine Strafe haben! Rühren Sie sich nicht von der Stelle, ich hole die Gensdarmen! (Ab.)

Klaus. Vetter, um Gotteswillen!

Doppelmeier (schwach). Mein Geld, mein schönes Geld!

Klaus. Das ist fort. Willst Du noch obendrein Dich einsperren lassen?

Doppelmeier. Einsperren! Ist der verdammte Paragraph wieder im Gange?

Klaus. Du wirst wenigstens ein Jahr festgesetzt!

Doppelmeier. Was soll ich denn thun?

Klaus. Fliehen! Bist Du nicht auf frischer That gefaßt, können sie Dir nichts thun! Nur rasch, ehe er wieder kommt.

Doppelmeier (dumm, verwirrt). Aber wie denn?

Klaus. Hier, nimm meinen Domino — jetzt hier die Hintertreppe hinunter, nimm die erste beste Droschke, fahre nach dem Bahnhofe, um zwölf Uhr geht der Nachtzug, dann bist Du in Sicherheit. Deine Sachen schicke ich Dir nach!

Doppelmeier. Ich weiß nicht, wo mir der Kopf steht.

Klaus. Eile, sonst kommen die Gensdarmen!

Doppelmeier. Na, wenn ich wieder einen Fuß in die verdammte Stadt setze, will ich Matz heißen!

Klaus. Lebe wohl, lieber, unglücklicher Vetter!

Doppelmeier (grob). Ach, was hilft mir die Zärtlichkeit! Wo geht's hinunter?

Klaus (auf die linke Seitenthüre zeigend). Hier, diese Thüre führt Dich gleich auf die Straße!

Wackerbart. Da kommen die Gensdarmen!

Doppelmeier. So hol' euch alle der Kukkuk. (Ab.)

Klaus. Der ist abgefunden! Und nun, mein Fräulein, machen Sie die jungen Leute glücklich!

Karoline. Liebe Tante!

Leopold. Erhören Sie unsere Bitten!

Raubesand (vereinigt sie). Dankt diesem frommen Manne, er hat mich überredet.

Vierzehnter Auftritt.
Vorige, Fritz mit Hannchen.

Fritz. Ist er fort?

Klaus. Glücklich abgefunden!

Hannchen. Und ich habe unser Geld wieder, ehrlich gewonnen! Peter, Deine Dummheit ist gut gemacht.

Peter. Jetzt ist uns geholfen für das ganze Leben!

Wackerbart. Damit euch auch Jemand segnet, will ich's thun!

Stellung. Karoline, Raubesand, Leopold, Klaus, Fritz, Peter, Wackerbart, Hannchen.

Raubesand. Was ist das? Hannchen ist nicht die Frau —

Klaus. Ein Mißverständniß, ich erkläre es Ihnen morgen. Fritz, der Fuchs ist glücklich gehetzt, wir blasen Halali. Mein Stück ist nicht durchgefallen, da stehen zwei glückliche Paare. Kann eine Komödie schöner ausgehen?